子育てハッピーアドバイス
笑顔いっぱい
食育の巻

NPO法人食育研究会
Mogu Mogu代表理事　松成容子

スクールカウンセラー
心療内科医　明橋大二

イラスト＊太田知子

1万年堂出版

はじめに

毎日の食生活で悩んでいるママへ 食卓に明るい笑顔が増えることを願って

NPO法人食育研究会
Mogu Mogu代表理事
松成 容子

私がまだ新米ママだったときは、子育ても家事も、当たり前のように女性の担当として語られていた時代でした。仕事を続けるなら一層子育てに手を抜《ぬ》かない、よい母親にならなければ、と追《お》い込《こ》まれる思いでいた人は、私だけではないと思います。

でも、特に食事作りは、時間的なことや経済的なこと、何より子どもも本人の気分や好みもあることですから、日々の生活が、思《おも》い描《えが》いていたように収まるはずがありません。

スーパーの商品棚《しょうひんだな》の前で、野菜にしても、魚や調味料にしても、何を基準に選べばいいのかわからない現実にぼうぜんとしたり、子どものために一生懸命《いっしょうけんめい》用意した食事をあっさりと拒否《きょひ》されて、落《お》ち込《こ》むこともありました。

「ママ、お月見のススキは団子のどっち側に置くの？」「豆まきの豆は拾って食べてもいい？」と聞かれて、自信を持って答えられない自分もいました。

本を開いてみても、かえって混乱するばかりでした。

そんなある日、私の最後の糸がプツンと切れたのです。

食べ物も情報もあふれる今の世の中で、母親が独りで子どもの命や食生活の責任をすべて担うなんて、ムリ！

そんなとき、ふと周囲を見れば、同じように悩《なや》んでいる新米ママがたくさんいました。

一緒《いっしょ》に料理教室や農業体験をしたり、食の専門家から学んだりしているうちに、お互《たが》いに、悩《なや》んでいることも、やりたいと思っていることも、似たり寄ったりだと気がつきました。そしてわかったのは、皆《みな》、家庭の事情も違《ちが》えば、社会の事情も変わり続ける。だから、それぞれの食生活に「正解」はない、ということでした。

今は、いろいろなところで「食育」という言葉が出てきます。

それを見聞きするたび、子育て中のママたちが、かつての私のように追《お》い詰《つ》められていないか……と思うのです。

食事は毎日のことです。好《す》き嫌《きら》いが多くて栄養が足りているのかと心配なママ、食材の選び方がわからない、料理があまり好きじゃないという人もいるでしょう。

そんなママに、私が長年、学び活動してきた経験の中から、少しでもヒントになることがあれば、という思いで書きためてきたものを、このたび1冊にまとめました。

焦《あせ》らず、がんばりすぎず、一歩ずつ、できることからでいいのです。「これなら自分に合っている」「子どもが喜びそう」と直感したら、ぜひ取り入れてみてください。

食卓《しょくたく》に、明るい笑顔《えがお》が増えることを願ってやみません。

家族や社会が抱える現実を踏まえたうえで、親も子どもも、笑顔になれる食育を

スクールカウンセラー・心療内科医
明橋　大二

「今度、ハッピーアドバイスのシリーズで、食育をテーマにした本を出そうと思うんだけど」と、周囲のママさんたちに聞いてみたときのことです。

意外にも、「えー」「どうかなー？」と、微妙《びみょう》な空気。そのうち、一人がぽつりと言いました。「私、食育って、あんまり好きじゃないんですよね……」

これはどうしたことでしょう。食材のこと、レシピのことなど、あんなに熱く

語り合うママたちが、そろいもそろって、「食育」となると、微妙《びみょう》に引いてしまうのは……。

話を聞いているうちに気がつきました。

「食育」って、何となく上から目線なのです。

「子どもにはちゃんと朝ご飯食べさせなさい」「インスタントはだめ、コンビニ弁当もだめ」「ちゃんと愛情注いで、栄養のある物を食べさせましょう」

要するに、「食育」というのは、国家が、お母さんたちに強制するカタチで始まっているのです。その前提にあるのは、「今の親は、子どもにろくな物を食べさせていない」「朝ご飯もまともに作らない親が増えている」という、「今どきの親は、なっとらん」という親へのダメ出し論です。

それでは親が反発するのは当然でしょう。

そもそも食というのは、本来、とてもパーソナルなものだし、個別のものです。「たで食う虫も好き好き」といわれるように、食の好みは人それぞれだし、そのスタイルも、千差万別です。本来それは、お上《かみ》から「こうしなさい」と言われる筋合いのものでは決してないはずです。

たとえば、5つのコ食、という議論があります。現代人の食生活の問題点を挙げたものですが、その中には、粉食（パンやめん類など粉が原料の物ばかり食べる）というのもあります。しかしそんなことを言ったら、粉もん好きの大阪人は「それのどこが悪いんや！」と怒りだすでしょう。

もちろん、現代の食生活に改善すべきところがあることは事実です。しかしなぜそのような状況《じょうきょう》になっているのか、その背景を知らずして、ただ絵にかいた理想を掲《かか》げても、決してそれは広がっていかないのではないでしょうか。

今の子どもたちの中には、「独りで食べるほうがいい」と言う子がいます。理由は、「怒《おこ》られないから」。

そういう子にとって、食卓《しょくたく》は、決して家族だんらんの場ではなく、叱《しか》られる場所になっているのです。

ここ何年も、自炊《じすい》したことのない母親がいます。その人は、夫からの暴力で精神を病み、不潔恐怖《ふけつきょうふ》のため自宅の水道が使えなくなっていました。

彼女にとって、スーパーで総菜を買うことしか、子どもの栄養をつなぐ方策はなかったのです。

母子家庭で、晩ご飯はいつも子どもたちだけで食べる家があります。

昼間の仕事をリストラされた母親が、見つけることのできたのは夜の仕事しかなかったのです。

もちろん家族そろって、手作りの食事を食べることができれば幸せでしょう。しかしそれがどうしてもできない家もあるのです。その家のその食卓《しょくたく》のスタイルは、生き延びるための精いっぱいの結果かもしれないのです。それを誰《だれ》が責めることができるでしょう。

本来の食育とは、決して上から押《お》しつけるものであってはならないのだと思います。

どんな親だって、子どもの幸せを願っているし、健康を願っています。自分が出したご飯を「おいしい！」と言う子どもの笑顔《えがお》を見たいのです。

今の家族や社会が抱《かか》える現実を踏《ふ》まえたうえで、そんな親御《おやご》さんの気持ちをそっと後押《あとお》しする、そして親も子どもも笑顔《えがお》になれる、そんな食育でなければならないのだと思います。

この本の共著者である松成さんは、もう20年以上も、そんな母親目線の食育を広める活動を続けてきました。そのアドバイスは、私たちの食卓《しょくたく》を豊かにするヒントが満載《まんさい》です。

今日も、日本のママ（パパ）たちは、子どもたちのために、休みなくご飯を作り続けています。その親たちのがんばりに、心からの感謝と、エールの気持ちを込《こ》めて、この本を贈《おく》ります。

子育てハッピーアドバイス
笑顔いっぱい　食育の巻

もくじ

1章 好き嫌い、ばっかり食べ みんなある

こっちも おいしいよ！

モグ
モグ
モグ
モグ

もくじ

3章

XXXXXXX

料理が楽しくなるコツ・子どもが喜ぶ簡単レシピ

もくじ

4章 XXX 「和食」はやっぱりすごいんです！

もくじ

5章　食育は、みんなが幸せになるためのもの

もくじ

1章

好き嫌い、ばっかり食べみんなある

1

スッと、はしが伸びるその日まで、食べなくても気にせず食卓へ

多くの親が、子どもに克服《こくふく》させようとがんばる項目《こうもく》の上位に、「食べ物の好《す》き嫌《きら》い」があります。でも、大人だって苦手はあります。

テレビですっかり有名になった、かの鉄人シェフS氏から、「オレ、すっぱい物と、ぼそぼそした物、苦手なんだよ」と聞いたとき、「なんて正直な方なんだろう」と、親近感を覚えると同時に、ホッとしました。

食べ物で好《す》き嫌《きら》いをすることを、「人づきあいの好《す》き嫌《きら》いに通じる」と言う人もいます。嫌《きら》いだからと避《さ》けていると、拒絶《きょぜつ》の気持ちが芽生えてしまい、広がるものも広がらない、結果、自分の社会も狭《せば》めてしまう、というのです。であれば、「嫌《きら》い」という言葉は使わず、せめて「苦手かも」と軽く流すのはどうでしょう。

子どもが社会に適応していくためには、学び、習得すべきことがたくさんあります。でも、その中で、何歳までにクリアできなければ間に合わない、ということは、そんなにたくさんはないような気がします。

食べ物の好《す》き嫌《きら》いも、その一つです。

まず、幼児期までは元気に食べる、ウンチを出す、笑う、でオッケー。そんな日々の中で、子どもが苦手だ、嫌《きら》いだという料理でも、遠ざけるのではなく、ちょっと脇《わき》に置き続けてみませんか?

食べなくても気にせず、何回も食卓《しょくたく》に出して、時には素材の切り方や調理法を変えたり、盛りつけを変えたり、「おいしいよ」「ママはこれ、好きなんだ」などと言葉を添《そ》えたりしてみましょう。

そうして何カ月、何年とたつうちに、気がつくとクリアしていることも多いのです。

スッと子どもが自分で、はしを伸《の》ばして口に運ぶ瞬間《しゅんかん》、それこそまさしく一歩成長したあかしです。

子どもの成長と自分の努力に、心の中で拍手《はくしゅ》、ですね。

根気はいりますが、そんな成長過程に立ち会えることも、家族の楽しみです。

山盛り漬け物!!
そんなにおいしい?
ちょっとだけ……
ポリ ポリ ポリ ポリ ポリ ポリ ポリ ポリ ポリ ポリ ポリ ポリ ポリ ポリ ポリ ポリ ポリ ポリ

あまり好みでない食べ物も、いつも食卓に登場させていると、あるときスッとはしが伸びるもの

2

「大根キライ」が「うっまー!」に変わったよ
ニガテ克服が子どもの自信に

食べ物を苦手と思ってしまう理由は、味がイヤ、食感がイヤ、見た目がどうも、食べたことがない、などさまざまです。ならば、これらにうまく対処する方法はないでしょうか。

実は、そのヒントになる出来事がありました。ある小学校で実践《じっせん》したプログラムです。対象は5年生でした。

テーマの野菜を大根に絞《しぼ》り、ゆでただけ、焼いただけの切《き》れ端《はし》を食べ比べて、感想を各自が紙に記します。そして、プロの料理人のアドバイスを受けたあと、自分ならこの大根をどう料理したいか、想像でメニューを作ります。

苦手でも、「これなら食べられる」と思ったのか、大根グラタン、フライド大根、大根パフェなど、さまざまなアイデアが出てきました。

後日、今度はプロの料理人のリードで、大根のすり流し汁《ながじる》や大根ステーキをみんなで作りました。最初は「大根、キライ」と後ずさりしていた子どもも、周囲の「うっまー!」という言葉にあおられ、1人落ち、2人落ち、ついには全員完食!という快挙。

感動的なのは、このあとのアンケートでした。

「大根の青かったオーラが金色のオーラに変わりました」

「お母さんにも作ってあげたい!」

さらに、「ほかの苦手野菜にもチャレンジしたい」と答えた児童が、全体の94パーセントにもなったのです。正直、驚《おどろ》きました。

プロの料理人や、初めて出会った料理の魅力《みりょく》、また周囲の前向きな空気のおかげで、子どもたちは未知の世界の存在に気がついたのです。

そうして苦手意識に小さな風穴が開くと、自ら殻《から》を破り、さらなる苦手分野にもチャレンジする自信が生まれるのです。

体で感じて、頭で考えて、言葉にして、周囲を見て再び考えて……。食べ物は、その場の空気、味付け、同席者、声かけなど、さまざまな要素でイメージが変わります。

苦手克服《こくふく》のチャンスを待っているのは、子どもたちのほうかもしれません。

3

「これ嫌ーい」の理由は何？ 味覚の成長は、気長に待とう

最近の研究によると、人は、お母さんのおなかの中にいるころから、すでに味を感じるところ、つまり味蕾《みらい》ができていて、羊水の味を感知していることがわかっています。そのおかげで、赤ちゃんは生まれてすぐ、母乳の中にある、エネルギー源としての「甘《あま》み」と「うまみ」、体液のバランスを保持するためのミネラルの味としての「塩味《えんみ》」と、３つの味を、無理なく受け入れることができるそうです。

ところが、「酸味」と「苦み」は、生まれたままの状態では本能的に「酸味は腐敗《ふはい》」、「苦みは毒」と判断され、赤ちゃんは受け入れがたい表情をします。ということは、小さな子どもたちが酸味や苦みが多く存在する野菜が苦手、というのも無理からぬ話です。

私たちのＮＰＯで取り組んでいる親子料理教室でも、緑の物が添《そ》えられたとたん、「あ、やだ」と声を上げた子どもがいました。

美しい仕上げ、と感じる大人と距離《きょり》のあることを知って、酸味、苦みの受容の成長は、10年ぐらいのスタンスで気長に待ってみてはどうでしょうか。

「ノー」という態度のときは、少し様子を見て、無理強《むりじ》いせず、次の機会を待ちましょう。けれど、くれぐれも1度や2度で「嫌《きら》いなんだ」と身構えたり、あきらめたり、決めつけたりせず、そばにいる信頼《しんらい》する大人がニコニコ「おいしい」と食べる姿を見せるといいと思います。

ときに味付けを変えたり、切り方を変えたり、人が集まるような楽しい場面や、外食の場でさりげなく触《ふ》れさせるなど、気長にソフトプッシュを繰《く》り返《かえ》すことが大切です。

これで食べてくれるかな!
切り方を変えたり
盛りつけ方を変えたり
オレンジ味のお肉!!
味付けを変えたり……
Home Party
ちょっとオシャレな皿に載せるだけでもおいしそうに変身!!
無理して食べなくても気長にソフトプッシュしてね
外食だと苦手な物でもなぜか食べられる
あらっそんなに大きいピーマン!

Dr.明橋の相談室

Q 好《す》き嫌《きら》いが多いので、料理を工夫して、何とか食べさせようとしているのですが、嫌《きら》いな物は、まったく口をつけません。

A 子どもの食事についての悩《なや》みの中で、ダントツに多いのが好《す》き嫌《きら》い、それも野菜嫌《やさいぎら》いです。

細かくして好きな物に混ぜたり、お母さんたちはいろいろと努力されているようですが、敵もさるもの、なかなか手ごわいのです。せっかくの楽しい食卓《しょくたく》が、嫌《いや》なものになってしまうよりは、こういうときは、食べなければしかたがない、といったんあきらめる、というのも、私は賢明《けんめい》な方法ではないかと思います。

実は幼稚園《ようちえん》や保育所、学校の給食なら、しっかり食べている、という子もいます。成長するにつれて、好みも変わってきますし、実際、偏食《へんしょく》があるからといって、本当に成長に問題が生じることはほとんどないといってもいいのです。それを、あまり今、急に野菜嫌《やさいぎら》いを直そうとして無理強《むりじ》いすると、食事そのものが苦痛になります。極端《きょくたん》な場合、食事のたびに親子げんか、というような状態になると、体の栄養よりも、心の栄養のほうが心配になってきます。

ですから、結論からいうと、どうしても食べようとしない場合は、あまり焦《あせ》って偏《へん》食《しょく》を直そうとしないほうが、結果的にはよいことが多いようです。

小学校高学年にもなると、「これは体にとって大事な物」とわかれば、多少苦手でも食べられるようになりますから、あまり心配することはありません。

また野菜だけ残してる!!
残さずちゃんと食べなさい!!
みそ汁《しる》の野菜も残ってる!!
食事のたびに叱《しか》られる……嫌《いや》だな……
今食べられなくても
いつかは食べられるようになると思う
保育園ではがんばって食べているようだし
こんなに元気だから問題ない
ごちそうさまー
わっ今日もたくさん残したね。野菜はとっても大事だから、あと少しだけがんばろうか
ビタミンたっぷりブロッコリー♪
やったー! 体がパワーアップしたよ!

4

子どもが目新しい物を口にしないのは「不安」だから

子どもが目新しい物に、はしをつけない、という経験はありませんか?
食《た》べず嫌《ぎら》いや、ほかに好きな物が並んでいるから、おなかがすいていないから、という以外に、「不安」も大きな要因のようです。
人には新奇恐怖《しんききょうふ》といって、初めての物を怖《こわ》がったり嫌《いや》がったりする傾向《けいこう》があるそうです。
特に幼い子だと、大人にとっては何でもないような、たとえば初めて使うスプーンとか、ちょっと珍《めずら》しい食感とか、それだけでも吐《は》き出《だ》すことがあります。

大人でさえ、食べ慣れていない物は一瞬《いっしゅん》、警戒《けいかい》するものです。ましてや大人の都合や、「体にいいから」という理由など通用しない子どもなら、もっと本能的に警戒《けいかい》するのは当たり前かもしれません。

では、その「不安」を和《やわ》らげるためには、どうしたらいいでしょうか？

安心経験を増やしましょう

まずは、小さいうちに、家庭や幼稚園《ようちえん》、保育園など安心できる環境《かんきょう》の中で、いろいろな食感や味、ちょっとクセのあるにおいの食べ物に、触《ふ》れさせておくといいと思います。

1つでも安心経験があれば、次の出会いでのハードルは低くなるからです。

大人でも、初めて食べる物は警戒するもの

次に大切なことは、無垢《むく》な幼心に負《ふ》のイメージを作らないことです。

たとえば、初めての出会いで無理強《むりじ》いしたり、「パパはそれ、嫌《きら》いなんだ」と言って、マイナスの先入観を持たせたりしないように配慮《はいりょ》する、ということです。

♣食べたらすかさずほめる

そして最後には、子どもに自信を持たせてやることです。

子どもも3歳くらいになると、苦手な物でも大人の笑顔《えがお》に押《お》されて、ほんの一口なら食べてみようか、とアクションを起こすことがあります。

そんなとき、すかさずほめると、照れながらも自信をつけ、「次もがんばってみよう」という気持ちになる場合が多いようです。友達やきょうだいが一緒《いっしょ》だと、競争心も刺激《しげき》されて、より効果的です。

ふだん一緒《いっしょ》に食事をしていないおじいちゃんやおばあちゃん、あるいは友達のママ、先生など、大人からほめられるときも、誇《ほこ》らしい顔つきになり、うれしそうです。

食の幅《はば》は広く持つほうが、世の中、生きやすいのは確かです。

子どもの食経験を増やすために、背中をそっと押《お》してやる場面、増やせるといいですね。

すかさずほめると、
「次も がんばろう」という
気持ちが育まれます

Dr.明橋の相談室

Q

子どもがとても小食で、そのうえ好《す》き嫌《きら》いも多くて困っています。初めて見る料理も、ほとんど食べません。

A

「好《す》き嫌《きら》いが多い」「小食で半分も食べない」と悩《なや》んでいる親御《おやご》さんは多いと思いますが、そんな子どもの中に、人一倍敏感《びんかん》な感性を持った子もいる、ということを知っていただきたいと思います。

アメリカの心理学者エレイン・アーロン氏は、人一倍敏感《びんかん》な感性を持った人を、HSP（Highly Sensitive Person）と名づけて、およそ人口の15パーセントから20パーセントが、それに当たる、と報告しています。そのHSPの特徴《とくちょう》の1つに、味覚やにおいに敏感《びんかん》ということが挙げられています。

ねばねばドロドロした物と
油っこい物と
甘ったるい物と
くさい物が
本当に苦手……
たくさんあるのね

たとえば、にんにくなどの強いにおいが苦手、という人がありますす。

またある人は、炊《た》いた米のにおいが、とても苦手、といいます。

学校給食などには、独特のにおいがあります。

そういうにおいや味を、あまり気にしない人もいれば、とても気にする人もいます。

好《す》き嫌《きら》いの強い子どもや小食の子どもの中には、そのように人一倍敏感《びんかん》な子が少なくないように思います。

そういう人が苦手な物を無理やり食べようとしても、なかなか食べることができません。それでも無理やり食べようとすると、吐《は》いてしまうこともあります。

これは、わがままでも、食べ物を粗末《そまつ》にしているのでもなく、本当に体が受け付けない、ということがあるのです。


しかし半面、敏感《びんかん》な人は、わずかな味の違《ちが》いを感じ取ることができます。

ふつうの人にはわからない、隠《かく》し味《あじ》を当てたりします。

ドリンク剤《ざい》の水が、どこの水を使用しているか、まるで「利《き》き酒《ざけ》」のように、当てる人があります。

ある意味、人一倍豊かな食の世界を持っているということもいえるでしょう。どちらがいいということはありません。それぞれメリット、デメリットがあります。大切なことは、味覚の感じ方や、苦手な食材というものは、人それぞれであること、「残さず食べる」ことも大切ですが、一方で、どうしても食べられない場合は、それもアリだ、という懐《ふところ》の広さを持った世の中になってほしいと願います。

そういう意味で、これからの食育は、「残さず食べる」より、「自分の食べられる物、食べられる量を取り分けて食べる」方向に向かうべきではないかと思います。

あくまで、「食」というのは、人間にとって幸せなものでなければならない、それが強制されたり、叱《しか》られたりする場になってはいけない、と私は思うのです。

食は 各人各様

これくらいが
ちょうどいい ♪

5

遊び食べ、食べムラには、こんな工夫も 栄養バランスは気にしすぎないで

食事の時間に、きちんと座ってぱくぱく食べてくれたら、どんなに楽か……。

遊び食べばかりする、だらだらして食事が進まない、食べる内容にムラがある、という悩《なや》みは、小さな子を持つママからよく寄せられます。

まず、食事に集中できない原因は何でしょう。

子どもがミルクから卒業して食卓《しょくたく》を一緒《いっしょ》に囲むようになったら、それまでの大人だけの

生活を、一度リセットするくらいの気持ちで環《かん》境《きょう》作《づく》りを考えたいものです。このときの環《かん》境《きょう》作《づく》りはきっと、これからの長い年月の幸せ作りにつながると思うからです。

できればテレビは消して、寂《さび》しければ音楽やラジオは流しながらでも、目線は食卓《しょくたく》の上に注いで、まず大人から食べることに集中してみましょう。

そして、みんなで「これ、あまーい」とか「奥歯《おくば》でかむとカリッて音がするよ」「これは葉っぱ」「絵本で読んだ鶏《にわとり》さん」などと、目の前の料理を話題にしませんか。

食事中、子どもがおもちゃを離《はな》したがらないときは、「電車君にはここで、ケンタが上手《じょうず》に

うまい！
やっぱりみそ汁は落ち着くなぁ
何のおみそ汁が好き？
アサリ！

料理の話題でおいしさUP

食べられるか、見ててもらおうね」と話しながら、少し離《はな》れた場所に、こちら向きに置くのも一案です。

　時計《とけい》の針の動きがわかる年齢《ねんれい》なら、「長い針がここまで行くのと競争だ」と言ったり、「半分は食べようね」などと励《はげ》ましたり、何かしら達成の目安を作るとよいようです。

　そして、それがうまくできたときは、一つひとつ、ママもほめるようにすると、なおいいですね。

　食べ物で遊び始めたり、立ち歩き始めたりしたら、「もう、ごちそうさまね」と声をかけて、お皿は片づけてしまいましょう。

わが家でも、食事中の立ち歩きは悩みのタネでした。そこで、合言葉にしたのが「食べてるときは、遊ばない」「食べてるときは、歌わない」「食べてるときは、踊《おど》らない」でした。

これを、標語のように何度も言い、席を離《はな》れようとしたらすかさず「食べてるときは？」と声をかける。これを続けていくうちに、いすから降りなくなりました。

♣健康で機嫌がよければ心配いりません

ところで、お皿を途中《とちゅう》で片づけてしまうことが続いたり、日ごろから食べムラがあったりすると、「栄養が足りないのでは」「バランスが悪いのでは」と、つい心配になるものです。

でも、本人が健康で機嫌《きげん》がよければ、まず過度な心配はいりません。

さらに、栄養は1食ごとにバランスが取れていなくても、1日のうちで調整すれば大丈夫《だいじょうぶ》です。2、3日単位で、大人なら1週間単位で帳尻《ちょうじり》を合わせればよいと言う医者さえいます。

そう考えていくと、少々の食べムラには、おおらかになれるのではないでしょうか。

遊び食べや食べムラを、少しでも改善する最大のヒントは、やはり、食事前の空腹です。少し高いハードルかもしれませんが、ぐずったときに食べ物で機嫌《きげん》を取るのは最小限にして、次の食事時間かおやつの時間までは、食べ物でなく飲み物、あるいはおもちゃや外遊びなど、別のことで気をそらすことを考えてみてください。

食事前の手が離《はな》せないときに「おなかがすいた〜！」と言われたときは、昆布《こんぶ》、するめ、あるいは固焼きせんべいのような硬《かた》い物を与《あた》えておくといいと思います。

次のような野菜スティックも楽しくて好評です。

野菜スティックのディップ

きゅうり、にんじん、大根などでスティックを作ります。

マヨネーズを牛乳で薄め、そこにコーンや刻んだハムなどを入れてディップにして出すと、これらをすくおうとして、ふだん生野菜をあまり食べない子でも、夢中になって食べますよ♪

Dr.明橋の相談室

Q

食事のたびに、食べ物を投げたり、お皿をひっくり返したりするので、片づけや着替《きが》えがたいへんです。

A

いわゆる「遊び食べ」は、10カ月ごろから見られるようになり、1歳を過ぎると、とても手に負えない状態になります。しかし、このような行動は、わがままでもないし、お母さんをバカにしているわけでもありません。

1歳を過ぎたころになると、外界への好奇心《こうきしん》や、イタズラ心が極めて活発になり、それが食事に向かうと、遊び食べになるのです。

この時期はしかたがないと割り切って、子どもにこういう行動が出てきたということは、「子どもの心がそこまで成長した証拠《しょうこ》」と考えましょう。

きゃっ♪
だば〜
ビシャビシャ
今はこういう時期
これがふつう……

6

「ばっかり食べ」は、もったいない！「ジグザグ食べ」で深まる味わい

「最近、ばっかり食べの子どもが気になってしかたがないんです。三角食べって、できないんですよ」

保育士さんの勉強会で、会場から出た声です。

「ばっかり食べ」とは、目の前に何皿並んでいても、1皿ずつ食べ切って、次へ進む食べ方のことです。

「三角食べ」は、今日《こんにち》ではあまり聞かないかもしれませんが、主食とおかず、みそ汁《しる》を一口ずつ順に食べていく食べ方として、しばらくの間、学校給食などで盛んに指導されていた食べ方です。

「ばっかり食べ」は、大人や高齢者《こうれいしゃ》でも見かけます。1皿を食べている間に、温かいほかの料理が冷めてしまいますし、ひょっとして、ほかの料理に何か不満があるのかな、などと、同席者を心配させてしまうこともあります。

ただ、最近は、結果的に全部食べるなら栄養は取れるし、順序は本人の問題、人の食べ方にまで介入《かいにゅう》しない、という考え方もあります。

でも「ばっかり食べ」って、問題は栄養だけでしょうか。

みそ汁《しる》を口にしたらご飯、おかずを食べたらまたご飯と、ご飯を起点にいろいろな皿を行ったり来たりする食べ方、「ジグザグ食べ」というのを、聞いたことがありますか?

口の中で、さまざまなうまみと塩分のバランスを取りつつ味わう。これを「口内調味」といって、これこそ日本の食べ方といわれています。

それは日本の食事が、塩分がほとんどない白米をベースに組まれているからこそできることです。

おかずが豊かにありながら、ばっかり食べをするというのは、なんだかもったいない気がします。

子どもの「ばっかり食べ」に気がついたら、「こっちもおいしいよ」「ジグザグね」と幼いうちから声をかけてみてくださいね。

2章

今どきの食事・おやつ事情

1

子どもの飲み物、どうしてる？清涼飲料水は、別名「液体キャンデー」

私たちは通常の生活でも汗《あせ》や息、便や尿《にょう》などで、1日あたり約2〜2・5リットルの水分を失っています。汗《あせ》をかくと、それ以上の水分を補給しなければならないということです。

ただし、1日の必要量のうち、約半分は食品から取っているので、飲み物からは約1・2〜1・5リットルの補給が必要ですが、さて、その中身はどうでしょう？

最近、炭酸飲料を哺乳瓶《ほにゅうびん》に移し入れるママや、親子の昼食会で清涼飲料水《せいりょういんりょうすい》をペットボトルごと卓上《たくじょう》に置く場面を見かけ、少し驚《おどろ》きました。

乳児のころは、薄《うす》めた天然果汁《てんねんかじゅう》を哺乳瓶《ほにゅうびん》で与《あた》えることもあり、その延長で大人の飲み物を哺乳瓶《ほにゅうびん》に入れたり、自動販売機《じどうはんばいき》に頼《たよ》って外出するうちに、市販《しはん》の飲み物が手放せなくなって、お茶代わりになったり……。

わからなくもないのですが、甘味料《かんみりょう》の入っている物、カロリーの高い飲み物は、基本的には「おやつ」です。

幼い子のおやつは、1日の3食で取り切れない栄養の補助的な役割も担っているので、牛乳を基本にしてほしいところ。また、食事のときはお茶か水が望ましいでしょう。

おやつの時間にお菓子《かし》を食べ、ジュースも飲めば、おなかはすかず、夕食にも響《ひび》きます。もし、だらだら飲んでいれば虫歯の心配も出てきます。別名「液体キャンデー」といわれるゆえんですね。

ただ、甘《あま》い飲み物は疲《つか》れをいやす「楽しみ」でもあります。

一律に禁じるのではなく、かといって食事の量で調整するのでもなく、1日の上限を決めたり、飲みすぎた翌日は控《ひか》えたりして、コントロールできるといいですね。もちろん、食事のときは同伴《どうはん》させずに……。

♣「水代わりにスポーツ飲料」もNG

では、スポーツ飲料はどうでしょう?

「栄養的にいいと思っていたから、水よりいいと思ってスポーツ飲料を子どもに与《あた》えていたら、三歳《さんさい》児健診《じけんしん》で注意されちゃって。でも、何が悪いのかわからない」と言っているママに会ったことがあります。

表示を見るとエネルギー量は低いし、成分も体によさそう。ですが、これらはあくまでスポーツや発熱のときなど、汗《あせ》を大量にかいたときの補助飲料です。汗は、水分と老廃物《ろうはいぶつ》だけでなく、体にとって必要な成分も含《ふく》んだまま体温調節のために排出《はいしゅつ》されます。その成分を補給するのがスポーツ飲料の役割です。糖分や電解質も含《ふく》まれていますから、歯にとっても好ましくありません。ふだんの水分補給なら、やはり水かお茶にしませんか?

歯医者さんのアドバイス

歯科医　花崎広子

虫歯は、虫歯菌（主にミュータンス菌）の感染によって起こります。虫歯菌は、歯の表面にすみつくと、砂糖をエサにしながら酸を出します。虫歯で歯が溶けていってしまうのは、その酸の影響です。

虫歯菌が活動するためには、砂糖が「大量に・長時間」口の中に存在しなければなりません。ですから、水分補給代わりにジュースやスポーツ飲料を取ると、ますます虫歯菌が居座ることになってしまうのです。

また、おやつも、砂糖が歯に触れている時間を少なくするために、ダラダラ食べず、なるべく一度に取りましょう。

2

家庭の〝きゅうす〟はどこへ行った？ホッとする心の豊かさ、忘れないで

「結婚《けっこん》した娘《むすめ》のうちに行ったら、ご飯のそばに1人1本ずつ、お茶のペットボトルがあったの。驚《おどろ》いちゃった」

「知人は、夏はお茶のペットボトルからコップにトポトポ入れて、冬はそれをチンして出してくれるのよ。今はきゅうすって使わないのかしらね」

今やお茶は、軽んじられているのでしょうか？　でも、こんなデータもあります。

平成19年、NHK放送文化研究所が全国3600人を対象に行《おこな》った全国調査「日本人の好きな飲料」ランキングでは、堂々の総合第1位が緑茶でした。年代別に見ても、男女とも16～29歳、60歳以上で第1位。その間の30～59歳の世代でもコーヒーに続いて第2位だったのです。

では、どうしてきゅうすを使わないのでしょう。

理由は、「熱い湯が子どもに危ない」「子どもがきゅうすを割りそう」「子どものために麦茶を常備するようになり、自分もそれで済ませるようになった」「ゆっくりお茶を入れたり飲んだりする時間がない」など、いろいろ聞きます。

でも、やっぱりお茶は好き。それで、子育てを機にペットボトル派になるママが多いようです。

それでもきゅうすを忘れないでほしいと思うのは、きゅうすで入れたほうが、ポリフェノールは1・4倍、カテキンは2・5倍、さらにうまみは5倍、それでいて価格は3分の1と割安で*、いいことだらけ。そして何より、ホッとする心の豊かさがあるからです。

子どもがまだ小さく、子育てのたいへんな時期は、なかなか難しいかもしれませんが、ちょっと一段落するころには、そのよさが改めてわかると思うのです。

そんな日のために、ちょっと高価でも、お気に入りのきゅうすセットを一そろい買っておくことをオススメします。紅茶やハーブティーにも使えますよ。

＊東京都茶協同組合作成の資料による。

3

自由すぎるおやつが心配

母親の腕《うで》の中ですやすや眠《ねむ》っていた赤ちゃんも、大きくなるにつれて社会が広がり、触れる食べ物の世界も確実に広がっていきます。

子連れで集う場所に用意されているおやつに始まって、友達の家での誕生日パーティー、小学生になって遊びに行く家のおやつ、中学生同士で立ち寄るファストフード店、高校生になればファミレス、コンビニの常連客、といった具合です。

これほど食べ物があふれている時代にあって、わが子に「それは、食べてはだめ」とタガをはめるのは、無理に等しいことでしょう。子どもには子どもなりの人間関係もありますし、好奇心《こうきしん》もあり、自分の考えで動こうとする自立心も育っていくからです。

たまの冒険《ぼうけん》は社会勉強と割り切って、本人の意志に任せてはいかがでしょう。新しい食べ物に興味を示し、果敢《かかん》にも口に入れてみる。これはこれで勇気のいる行動ですし、子どもなりにそこから習得することもあるでしょう。

食の冒険《ぼうけん》は、成長のあかしとむしろ喜び、けれど親なりに心配なことは、それが習慣にならないような配慮《はいりょ》、一言を、大人の知恵《ちえ》で届けたいものです。

♣「今日は何を食べたの？」の声かけを

子どもが、味付けの濃《こ》い駄菓子《だがし》など、親が好ましくないと思う物に執着《しゅうちゃく》し始《はじ》めたら、「こういう食べ物は、ママはあまり好きじゃないの」と言ったり、今回は譲《ゆず》るけれど、とうれしくないそぶりを見せ続けると、子どもは親の期待を感じて、あまりはみ出せないものです。少なくとも習慣になるほどはまらない、あるいは習慣になっても、好ましくないことだという自覚は持つように思います。

また、自然界で作物はいつの季節にどうやってできるものなのか、料理はどれほど手間がかかり、なぜ店だとあんなに早く出てくるのか、など、日ごろからの会話も基礎力《きそりょく》になります。買い物で袋《ふくろ》の表示をよく読む姿を見せるのもよいでしょう。

そんな親の何げない姿こそ、多くの言葉より効果的で、本人が新しい食の世界に出会ったときに、立ち止まって考える基準になります。

正しい判断力が身についていれば、たとえ一時は近づいても、きっと長くは続きません。

家族を気にかけている人がここにいるよ、という意味でも「今日は何を食べたの？」の声かけを、子どもにも、パパにも、忘れずにしたいものです。

4

楽しさと速さのファストフード「カロリーは2食分」と知っておこう

日本に初めてファストフード店が登場したのは昭和45年のことです。東京に続いて大阪、名古屋と、次々と店ができていきました。そして現代のファストフードの繁栄《はんえい》ぶりは、目を見張るばかりです。楽しい雰囲気《ふんいき》と、どこで買っても知っているあの味、という安心感。そして、注文から手渡《てわた》されるまでの速さも魅力《みりょく》で、たちまち現代人の心をつかみました。

でも、子どももやパパがトリコになるのは、ちょっと心配、という人もいます。なぜ？

やみくもに反対する前に、上手《じょうず》につきあうために、カロリーと栄養を知っておくといいと思います。

♣カロリーオーバーは、前後の食事で調整

カロリーは、たとえば、てりやきバーガーとフライドポテト、清涼飲料水《せいりょういんりょうすい》のセットではほぼ900キロカロリー。小学校低学年の1日の摂取《せっしゅ》カロリーの目安は、1600キロカロリーですから、いかにこの1食のカロリーが多いかがわかると思います。ドリンクをノンカロリーに代えても、減るのは約1割強でしょうか。

栄養バランスから見ると、塩分や脂肪《しぼう》の多さも気になります。また、使われる食材の数が少ないため、どうしても栄養は偏《かたよ》ります。

大切なのは、このアンバランスを、それぞれが自覚することです。カロリーが高い、栄養が偏《かたよ》っていると知れば、ファストフードの利用頻度《りようひんど》を、おのずと考えるようになると思うのです。

ファストフードは世界を制覇《せいは》した大人気の食スタイルです。ここでは楽しさと速さを買

うと割り切って、利用すればいいと思います。

ただ、前後数回の食事は脂肪分《しぼうぶん》を減らし、野菜の種類を多めに取ることを少し意識して。その際、野菜はゆでる、煮《に》るなど油なしの加熱調理をすると、量をかせげます。

前にも書きましたとおり、食事のバランスは2、3日のスパンで取れていれば大丈夫《だいじょうぶ》です。

5

おいしさのヒミツは「やわらかく」「味は濃く」？

今どきの「おいしい」条件は、「やわらかく」「味がハッキリしている」こと。つまり、ぱくぱくっと食べやすく、すぐ「うまい！」と脳が確認できないと「おいしい食べ物」と思ってもらえないようなのです。テレビのコメンテーターを見ていて、また、食べ物の提供者、たとえば料理人、製菓《せいか》製パン職人、新商品開発者たちの話を聞いていて、これはもはや定説になっていると感じます。

子どもたちも、駄菓子《だがし》をはじめ、おかずでも濃《こ》い味が大好きです。

ところで、小学校の家庭科では、白米とみそ汁《しる》だけを頂く時間があります。そのときに、子どもがみそ汁《しる》だけでは白米が食べられないだろうからと、ふりかけを用意するお母さんが、1人や2人ではないそうです。

確かに最近では、白米を「味がない」と言い、たとえおかずがあっても、ご飯は白いままでは食べられない子どもの話を多数聞きます。

でも、かみしめるほどに甘《あま》みが増し、口にうまみが広がる炊《た》きたての白米のおいしさは、こんな授業でもないと、なかなか味わえないかもしれません。

何もつけない焼きたての食パンや、フランスパンも同じです。

穀物は、人類が何千年と引《ひ》き継《つ》ぎ、調理法を磨《みが》いてきた最高の主食です。命を支えるエネルギー源でもあります。

そんな穀物のうまみは、何かに助けられないと食べられないほど貧弱ではないはずです。

♣味の足し算、ちょっと待って

たとえば、唐揚《からあ》げにはソースはかけませんが、とんかつにはかけますね。習慣や思いこみもあるでしょう。でも、出された料理にそんなふうに味の足し算をするのは、一口かじって、塩加減と肉のうまみを実感してからでも、きっと遅《おそ》くはありません。必需品《ひつじゅひん》と思いこんでいるご飯のふりかけや、パンにつけるバターやジャムも、まずはナシのままで一口、二口、ゆっくり、しっかりかむと、きっと新しい発見があるはずです。

一度、時間と心に余裕《よゆう》のある休日前夜や、休日の朝に、定時にとらわれず、じゅうぶんおなかがすくまで待って、食卓《しょくたく》についてみませんか。そして、「ちょっと待って、その足し算」と心の中で一呼吸おいて、主食を、素材を味わってみてください。

素材の味を気にかける。

子どもの成長とともに、そんな視点を持って親子で試してみると、新しいおいしさに気づいたり、感動体験も増えたりするような気がします。

Dr.明橋の相談室

Q 子どもがスナック菓子《がし》が大好きで、一人で一《ひと》袋《ふくろ》食べてしまうときもあります。味が濃《こ》いのが気になりますが、やはりよくないでしょうか？

A ファストフードやインスタントラーメン、スナック菓子《がし》など、ジャンクフードといわれる食べ物について、次のような実験結果があります。

ラットに、ジャンクフードのような濃《こ》い味付けのえさを与《あた》え続《つづ》けたところ、タバコや酒と同じように、脳内の快楽中枢《かいらくちゅうすう》（快楽を感ずる脳の部分）が刺激《しげき》され、そのような濃《こ》い味付けのえさに対する依存症《いぞんしょう》が生じました。そしてこの依存《いぞん》が生じてからは、同じようなえさを食べ続け、体重が増加し続けたと報告されています。

この依存症《いぞんしょう》は、喫煙《きつえん》や飲酒、麻薬《まやく》などと同じような脳内のメカニズムが関与《かんよ》しているといわれています。

ファストフードがすべて悪いとは思いませんが、小さいときから濃《こ》い味の物ばかり食べ続けると、そういう味以外の物を受け付けなくなり、ひいては小児の肥《ひ》満《まん》症《しょう》やメタボリックシンドロームにつながる可能性があることを、私たちは知っておく必要があるのではないかと思います。

6

大人も子どもも、流し込み？「ちゃんと、かんで食べようね」の理由

忙《いそが》しいのでしょうか。子どもも大人も、食事を飲み物で流《なが》し込《こ》むように食べている人をよく見かけます。かく言う私も、急いで食べるお昼のパスタは、流《なが》し込《こ》みに近いことがあるので、その気持ち、わからなくもありません。

実は「ちゃんとかむ」ということ、けっこう、日ごろもできていないようなのです。

「ちゃんと、かんでる？」

この言葉、子どもだけでなく家族に、自分に、一度問いかけてみませんか？

かむことの効用はたくさんあります。

- 唾液《だえき》に含《ふく》まれる消化酵素《しょうかこうそ》がたくさん混ざることで、消化を助ける
- 「味」は、唾液《だえき》や水分に溶《と》け出《だ》して初めて舌が感知できるので、かんで唾液《だえき》に混ぜるほど味がよくわかる
- かむうちに味だけでなく香《かお》りが鼻腔《びこう》へ広がり、味わいが豊かになる
- 唾液《だえき》がたくさん出ると、虫歯予防になる
- 食べ物が小さくなって胃液が行《ゆ》き渡《わた》ると、食中毒予防にもなり、消化も助けられる
- かむ刺激《しげき》であごが発達する。あごが大きくなると、乳歯のときにすき間ができて、永

ダイエット
虫歯予防
脳への刺激が老化防止に役立つ
勉強の集中力UP
前頭前野が発達し、キレにくくなる
味がよくわかる
消化を助ける
歯並びがよくなる
よくかむとこんなにいいことがあるんだね！

久歯の歯並びがよくなる

- あごからの刺激《しげき》で脳の前頭前野が発達。カッとなってキレる前に、脳にブレーキをかける力がアップする
- 脳への刺激《しげき》は、勉強や仕事の集中力も高め、老化防止にも役立つ
- ゆっくり食べるうちに満腹中枢《まんぷくちゅうすう》が刺激《しげき》され、過食を防ぐ。つまり、ダイエットにもなる

「よくかむこと」は、こんなに効果があったのです。

食事のときのお茶や水は、食事の最後に用意して、今まで食べ物を流《なが》し込《こ》んでいなかったか、お茶や飲み物なしの食事で一度確認してみましょう。

♣大人が「もぐもぐ」としてみせて

離《り》乳《にゅう》食《しょく》の時期は、舌の動きが未発達です。そんな時期に、刻んだ生野菜、かまぼこのような練り製品など、口の中で、かんでもまとまらない物や、加熱したもやし、ひじきのような繊《せん》維《い》質《しつ》の物を与《あた》えると、丸のみの習慣がつく可能性があります。

煮魚《にざかな》や、軟《やわ》らかく煮《に》てねっとりする根菜類のように、口の中でまとまりやすい物から少しずつ食べさせ、大人が「もぐもぐ」とジェスチャーで教えることから始めましょう。

1歳半を超《こ》えたら、吐《は》き出《だ》してもよいので「カリカリ」と楽しい食感の物で、かむ練習もスタートです。

かむという行為《こうい》は、大人がやって見せて、学習させることが大切です。「両方の奥歯《おくば》を使って」とか、「いち、に、さん、し」とたくさんかめるように声かけをしましょう。

大人も子どもも食事はゆっくりと、味わいながら。

そんな時間を1週間に1度でもちゃんと取れれば、幸せの実感はぐっと増すと思います。

歯医者さんのアドバイス

歯科医　花崎広子

食べるのは日常のことですので、食べるそのままが、かむ訓練になります。しかし、子どもが大きくなってくると、今度は、かむ練習というより、かまざるをえない食品を食べることが大切になってきます。

たとえば、玄米を食べてみるとわかると思いますが、訓練される筋肉量がまったく違うのが実感できます。現実に玄米を食べるかどうかはさておいて、歯科医としても、ふだんの食事やおやつは、自然素材の物をそのまま、または煮たり焼いたりの簡単な一手間で食べることを、患者さんに勧めています。それによって、しっかりかむ力が育っていくのです。

大人については、かみすぎは、かえってよくありません。かみごたえがあるからといって、昆布やするめをガシガシかんでいる人や、ガムをかむことが、あごを鍛えると思っている人もいますが、歯に過剰な力を与え続けると、結果的に、歯の寿命を短くすることになってしまいます。

食事は、丸のみではなく、程良くかんで、味わって、心豊かに食べることが大事だと思います。

コラム

離乳食は、気楽にいこう　～初めてママも大丈夫！

初めてのわが子、初めての離乳食《りにゅうしょく》に緊張《きんちょう》するのは誰《だれ》しも同じ。不安な気持ちをわかってアドバイスしてくれる経験者が近くにいないと、ついつい専門書やネットの情報を探って、わが子の月齢《げつれい》と合わせて……となりがちです。

パンがゆを作るといって、食パンをぐつぐつと30分煮続《につづ》けていたママを見かけましたが、あまりの一生懸命《いっしょうけんめい》さに言葉はかけられませんでした。

がんばりすぎると、食べなかったときの徒労感を増幅《ぞうふく》させるだけです。ネット情報やマニュアルに振《ふ》り回《まわ》されないように気楽にやる、本当に困ったら経験者や地元の保健所の保健師、小児科医の助けを借りましょう。

自分なりの理想があってても「いろいろやってみて、ダメならまた次の機会に」と、ソフトプッシュとロングスタンスでいく心構えも必要です。

特別なことはいりません。危機管理だけ心得ておいて、あとは、日ごろの料理の脇《わき》でできることでいいと思います。最低限の危機管理は、

①満1歳までは、はちみつと黒砂糖は乳児ボツリヌス症《しょう》予防の意味から与《あた》えない。

②豆やグミ、こんにゃく菓子《がし》のように、のどに詰《つ》まらせる危険のある物は、手の届く所に置かない。見せない。

③生もの（生肉・生魚・生卵）は、胃腸の抵抗力《ていこうりょく》がつくまで与《あた》えない。

心得はそんなところでじゅうぶんだと思います。

始めは水分が多く軟《やわ》らかくつぶした物（かゆや芋《いも》など）からスタートし、歯とあごの発達を見ながら、だんだん形、硬《かた》さのある物を入れていきます。

味はすべて大人より薄《うす》め、果物《くだもの》ジュースも薄《うす》めて、野菜も素材の味だけでOK。大人並みの濃《こ》い味や刺激物《しげきぶつ》は、慣れると離《はな》れられなくなるので、遅いほどよいでしょう。

私たちの親の世代は、みそ汁《しる》を作る途中《とちゅう》のなべから軟《やわ》らかくなった野菜を取り分けて、少しだけ味付けするなどして、大人料理のついでに一品を作っていました。ただ、インスタントだしを使うなら塩分が含《ふく》まれていますから、必ず味見はしましょう。

7

そのダイエット、必要かな？ まずは生活習慣を見直そう

「1億総ダイエットブーム」と称《しょう》される時代です。

医学的には太っていないにもかかわらず、「他人に比べて自分は太っている」と言ってやせようとする人は、子ども、大人とも男女にかかわらず増える一方だとか。でも、ちょっと待ってください。親子一緒《いっしょ》に間違《まちが》った痩身神話《そうしんしんわ》に飛びついたり、即席《そくせき》ダイエットに走ったりしていませんか。

健康を害したり、順当な成長に影響《えいきょう》させないため、まず、そのダイエットは本当に必要なのか、19歳以上の大人ならBMI（体重kg÷身長m÷身長m）を計算してみましょう。

そして、その数値が25未満だったら、ダイエットの必要はありません。

子どもの場合は6歳までは母子手帳、小学生から18歳までは学校保健データをもとにした発育曲線で、数カ月間の「傾向《けいこう》」で判断します。

体重は減らさなくても大丈夫

発育曲線で数カ月間の経緯《けいい》を見て、もし「太り傾向《けいこう》」にあったらどうするのがいいのでしょう。

10年にわたってさいたま市で肥満指導をしている小児科医に聞きました。

「子どもに食事制限を強《し》いるのは本当にたいへんです。なので、『身長がまだ伸《の》びるなら、体重は減らさなくていいよ。ただ、これ以上増やさないで』と伝えています」

また、私が日ごろ交流している小学校の栄養教諭《えいようきょうゆ》は、よくない食習慣があって太ってしまったのだから、生活習慣をぜひ見直してほしいと話しているそうです。

「たとえば、夜ご飯の後にお菓子《かし》を食べたり、パパと一緒《いっしょ》に夜食を食べたり、あるいはおやつを、おなかいっぱいになるまで食べたりしていませんか、と聞くんですよ。でも、実はこれは子どもに言うだけではなかなか解決にならないんです。

ポイントはまず、保護者がどう変わっていくかなんですね。

子どものことを本気で思うなら、ここは心をしっかり持って、食べ物から子どもの気をそらせるように、運動や趣味《しゅみ》などの時間を、できるだけ増やすようにしてほしいですね」

子どものダイエット、カルシウム不足に注意

ダイエットをする場合は、次のことを知っておいてください。

まず、ダイエットの本来の意味は「食事」です。つまり、正しいダイエットは「よい食事」、「よい食習慣作り」ともいえます。であれば、体が大きくなるための、大切な栄養素とエネルギーを必要以上に不足させては、本末転倒《ほんまつてんとう》です。

食事ではエネルギーとなるご飯などの主食と、筋肉や血になるたんぱく質（肉、魚、卵、乳製品など）、そして体の内部環境《ないぶかんきょう》を整えるビタミンやミネラル（野菜など）はどれも必要で、欠かせません。

もし朝食を抜《ぬ》いて食事の回数を減らすと、1日の食品の種類が減るので、栄養が偏《かたよ》りがちになるだけでなく、ほかの2食やおやつをドカ食いして、太りやすい体にもなりかねない、ということも知っておきましょう。

さらに、一生使うカルシウムの貯蔵庫である「骨」を大きく丈夫《じょうぶ》にするには10代が勝負。乳製品などのカルシウム源は、意識して欠かさないようにしてほしいのです。

ですから、もし減らすなら、「脂肪《しぼう》」と「糖分」です。

食べ物に含《ふく》まれている脂肪《しぼう》と糖分の量の確認をしたり、調理法を工夫したりするだけでも、摂取《せっしゅ》カロリーはかなり違《ちが》ってきます。

成長するためには
どれも欠かせません
食事を抜くと
必要な栄養が偏り、
集中できない……
太りやすい体質に
なることもあります
特にカルシウムは
意識して摂取しましょう
ミルク
一生使う骨を丈夫にする
には、10代が勝負です

減らすなら
脂肪と糖分

ワンポイントアドバイス

脂肪の摂取を減らすには

- 肉の脂身は取る
- 脂身の少ない部位
（鶏むね肉・ささみ・豚ヒレ肉など）を選ぶ
- 油を使う調理（いためる、揚げる）を減らす
- ホイルをくしゃくしゃにして敷いて焼くと、脂が落ちる

Dr.明橋の相談室

Q

小さいころからよく食べる子で、小学生になって、さらに太ってきました。このままでは小児性メタボになってしまわないかと心配です。

A

成長期の、特に男の子の食欲には目を見張るものがあります。少々食べすぎることがあっても、子どもは成長するにしたがって、身長が一気に伸《の》び、体型が変わっていきます。ですから、心配ないことも多いのです。たとえ発育曲線のゾーンから外れていても、健康で、発育曲線と同じような体重増加があるのでしたら、あまり問題はありません。

しかし、「肥満」となってくると、体が心配です。この機会に、家庭の食習慣を見直してみるといいかもしれません。

3度の食事については、量を減らすよりも、内容を工夫していきましょう。見た目をボリュームいっぱいにすれば、カロリー控《ひか》えめの食材でも、子どもは満足しやすいのでお勧《すす》めです。食事はしっかり取ったうえで、間食は減らし、体を動かすことも心がけましょう。

8

「子どもの食事内容が心配で……」サプリメントをのんでいる子どもは15パーセント

子どもの好《す》き嫌《きら》いや食の細さが気になっているところに、風邪《かぜ》を引きやすかったり、アレルギーがあったりと、心配ごとが重なると、何かよい助けはないかと探すのが親心です。

平成22年1月に、独立行政法人国立健康・栄養研究所情報センターが作成した冊子「サプリメントと子どもの食事」の冒頭《ぼうとう》に、1つの調査結果が載《の》っていました。

幼稚園《ようちえん》・保育所に通う幼児の保護者（回答者数1533名）に聞いたところ、幼児の15

パーセントがサプリメントを利用しているという結果でした。米国の子どもの利用率30〜50パーセントに比べれば低いですが、7人に1人とは、少し多いような気がしました。

♣利用するときは栄養士や医師に相談を

サプリメントを利用し始めるきっかけは、「もともと家族の大人が利用している」「子どもの食事内容が心配」など、現代社会では無理からぬことばかりです。

「毎日、精いっぱい、料理もがんばっているけれど、自分にも限界がある。だから、せめてこれをのんでいてくれたら安心なの」という気持ちもよくわかります。

ただ、日本には「サプリメント」に対して正式な定義はなく、「薬」ではなく「食品」という扱《あつか》いなので、具体的な効果・効能はうたっていません。それでも利用するなら、特定の成分を濃縮《のうしゅく》・合成していたり、なじみのない動植物を原料としていたりするので、成分の素性だけは慎重《しんちょう》に確認したほうがよさそうです。

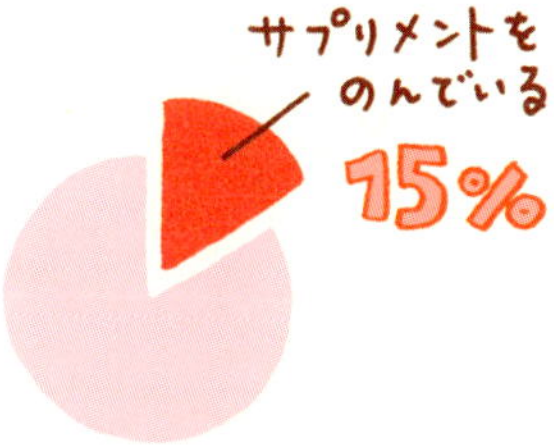

というのも、同研究所によると、「子ども用」とうたったサプリメントは数百種に及《およ》ぶものの、子どもにとって本当に安全か、効果があるかを評価したものは、ほとんどないそうです。

もし、どうしても子どもの栄養状態が心配なら、保健所などの栄養士や、かかりつけの医者に相談して、適切なサプリメントを選ぶことをお勧《すす》めします。

何をどれだけ取ったか毎日メモを取り、もしも体に異常があったらすぐに利用を控《ひか》えて、と専門家は言います。

幼いときから常用していた人でも、一定年齢《いっていねんれい》になって食生活が改善されたから卒業した、という人もいます。補助食品や錠《じょう》剤《ざい》を口にすることが、親も子も当たり前になりすぎて、子どもの将来の食生活が狭《せば》められては少し残念です。

子どもの生命力を信じ、支え、徐々《じょじょ》に補助輪を外していけるといいですね。

Dr.明橋の相談室

Q

６年生の娘《むすめ》が、摂食障害《せっしょくしょうがい》と診断《しんだん》されました。親から見てもまったく太っていないのに、「太るから」と言って、ほとんど食べ物を口にしなくなり、どんどんやせていく一方です。

A

思春期になって、摂食障害《せっしょくしょうがい》になる子どもが多くいます。摂食障害《せっしょくしょうがい》とは、一言でいうと、心理的な原因で、適切な量の食事が取れなくなる病気です。女性に多く、大きく分けて拒食症《きょしょくしょう》と、過食症《かしょくしょう》があります。

体の病気がないのに、標準体重の80パーセントを切り、体重が増えることに強い恐《きょう》怖《ふ》感《かん》を持つ場合、拒食症《きょしょくしょう》と診断《しんだん》されます。

過食症《かしょくしょう》とは、過食《かしょく》（むちゃ食い）症状《しょうじょう》があって、体重は標準体重の80パーセント以上ある場合をいい、多くは、嘔吐《おうと》を伴《ともな》います。

昔は、拒食症《きょしょくしょう》というと、成熟拒否《せいじゅくきょひ》の病気だとか、母親の愛情不足などといわれていましたが、そんな簡単なものではない、ということが最近わかってきました。

まず、摂食障害《せっしょくしょうがい》になる人は、もともと、とても敏感《びんかん》な人が多いです。音やにおいだけでなく、人の気持ちにも敏感《びんかん》で、相手の気持ちを察することにたけています。

相手のことを考えて行動するのは得意なのですが、反対に自分のことは後回しで、自分の気持ちを言葉で表現したり、人にものを頼《たの》んだりすることが苦手です。

親に対しても、自分の気持ちを出して、親にかまってもらおうとするよりも、親の気持ちを察して、親の願いをがんばって満たすことで、親の愛情を得ようとします。そうすると多くの場合、手のかからない、いい子になります。親が、自分に、意識的であれ無意識的であれ、「いい子」を求めてくる場合は、なおさらです。

友達関係も同じで、相手の気持ちに配慮《はいりょ》し、「いい人」になることで、人から好かれようとします。そのうちに、逆に、親や相手にとって「いい人」でないと、自分は存在価値がない、と思うようになっていきます。

ところが思春期になると、そのような生き方は、なかなかうまくいかなくなります。

がんばっていい人になっても友達に好かれるとは限らず、逆にいじめにあったり、がんばっても、いい成績を出せなくなったりすることもあります。

「がんばって人からほめられること」「がんばっていい人になること」で自分の存在価値を確かめようとしてきたのに、そういうやり方では、自分の存在価値を確認できなくなってきます。

それは、まるで自分の得意技をすべて封《ふう》じられて、敵ばかりの中に放り出されたようなもので、たいへんな不安感です。そのときに、そんな自分でも、唯一《ゆいいつ》がんばったら成果が出せること、つまり、食事をコントロールして体重を減らすことに、自分の存在意義を見いだすのです。

摂食障害《せっしょくしょうがい》の人が、体重が増えることに対して、どうしてそんなに恐怖感《きょうふかん》を抱《いだ》くのかというと、それは単に、太る、という問題だけではなく、体重が増えたと同時に、自

分は存在価値を失ってしまうと確信しているから怖《こわ》いのです。

ですから、そんな摂食障害《せっしょくしょうがい》の回復において、大切なポイントがいくつかあります。

①自分が人一倍、敏感《びんかん》な特性を持っていることを知り、その心の守り方を学ぶこと。

②自分の気持ちを知り、それを人に伝える練習をすること。

③何でも自分独りで解決しようとせず、甘《あま》えていいこと、人に頼《たの》んでいいことを知ること。

④境界線《きょうかいせん》を引くことを覚えること。人の持ち分まで自分が解決しようと思わないこと。人の境界侵入《きょうかいしんにゅう》、干渉《かんしょう》から自分を守れるようになること。必要以上に自分を責めないこと。

以上です。

ただ最後の回復のポイントは、摂食障害《せっしょくしょうがい》の人だけではなく、精神疾患《せいしんしっかん》のほとんどの回復において大切なことですし、さらにいえば、病気でない人でも、健やかな心を持って生きていくために、とても重要なことではないかと思います。

境界線を引く

3章

料理が楽しくなるコツ・子どもが喜ぶ簡単レシピ

1

4割のママが「料理が苦手」と答えています

数年前、「料理が苦手」と答えた主婦が44パーセントというアンケート結果を見ました。女性なら料《りょう》理《り》上《じょう》手《ず》、料理が好きなはず、というのは、一昔前の一面的な見方だということが、多くの人にわかってもらえる時代になったような気がします。

最近では、自分が成長する段階で、母親などと料理の練習をしないまま独立してしまったために、「料理に自信がない」というママともたくさん会います。

それでも毎日キッチンに立たなくてはならない親なら誰《だれ》でも、子どもの好《す》き嫌《きら》いやアレルギー対応に疲《つか》れ果《は》ててしまったり、毎日料理を作っても、どこか報われない徒労感に嫌《いや》けが差したりなどした経験はあるでしょう。

♣料理と食品の違うところ

今はテイクアウトや冷凍食品《れいとうしょくひん》など、その気になれば、食事はどこまでも簡便にできます。

「相手を思って作るのが料理。相手がわからずに作られているのが食品」

これは、私たちの食育の講習会で、経験豊かに幅広《はばひろ》く活躍《かつやく》している料理人に習った言葉です。料理の「料」は「はかる」、「理」は「おさめる」という意味で、つまり、相手のことを思いはかりながら、皿の上に納めるのが料理なのだそうです。

家で作ると、その日のその日の家族への思いを、形にして見せられます。

「外は寒かったでしょ」「今日はがんばったね」「疲《つか》れていそうだから」と味や素材の好みも温度も、相手の様子に合わせられるのは、やはり家庭で作ればこそではないでしょうか。

また、家庭で作れば素材の素性がわかるので、安心感もあります。

さらに、買ってきた物に比べて家族が作った物は、残したり捨てたりすることに抵抗感《ていこうかん》が生まれ、扱《あつか》いもぞんざいにならないと思うのです。


料理に自信がない、というママの作品でも、子どもは「これがママの味」と、すべてをひっくるめて心のよりどころにして育っていきます。

何より、料理途中《りょうりとちゅう》のにおいや音のするキッチンは、人の心をワクワクさせて、魅力的《みりょくてき》ではありませんか。

さきの年長の料理人からは、

「家族を思って作った料理がそこにあれば、家族は安心して家に帰ってくるよ」

とも学びました。

作り手も食べ手も、ほめ上手になろう

そうはいっても、プロではない私たちが、何十年も毎日毎日、料理を作り続けるのはたいへんです。

いちばんやる気をアップさせてくれるのは、やはり家族の言葉だと思います。

たとえば、料理を出すほうは、「早く食べて」と言うより、「がんばって作ったから、おいしく食べてね」という言葉を添《そ》えて、たとえ失敗したかな、と思っても「アタラシイ味をお楽しみくださーい♪」と楽しく冗談《じょうだん》を言ってみるのも一つです。

家族からは、「おいしそう」「きれい」「これ、また作って」と感想を言ってもらえたら、どんなにうれしいでしょう。

失敗に近い新作でも、「今度はもう少し、軟《やわ》らかく

してね」などの前向きなコメントがもらえたら、次もきっとがんばれます。また、気分転換《きぶんてんかん》に、おしゃれな食器を買い足してみるのはいかがでしょう。試してみたい調理道具もいいですね。きっと、料理のスキルアップのお手伝《てつだ》いをしてくれます。そして、疲《つか》れた日は思い切って「外食しよう」と家族を誘《さそ》うのもいいでしょう。おいしい物を食べるほど、料理上手《りょうりじょうず》になっていくからです。

作り手も食べ手も、「あ、それ、いいね」と気がついたら声に出す、ほめ上手《じょうず》になりませんか。

そんな家族を目指しているうちに、料理のレパートリーも徐々《じょじょ》に増えて、作るのも少しずつ、苦でなくなっていくといいですね。

今日は
がんばって
作ったから
おいしく
食べてね！

2

毎日のことだから、気負わずに
夏休みは、どんどん
子どもに任せてみよう！

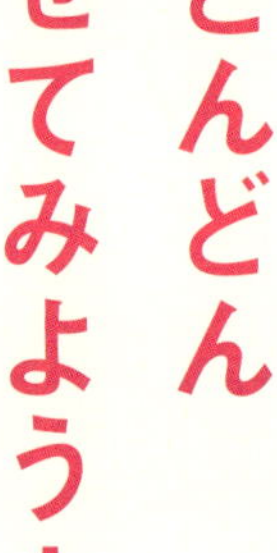

子どもたちが夏休みの8月は、あちこちで「夏休みお助けレシピ集」が特集されます。
毎日、朝、昼、晩と子どものことを考えながら作るのは、本当にたいへんなことです。
であれば夏休みこそ、子どもをキッチンに招き入れませんか？
年齢《ねんれい》を問わず、とっつきやすい役割は、味見係です。
トマトの甘《あま》さ確認、いためたたまねぎの辛《から》さ・甘《あま》さ、塩を振《ふ》る前と後のきゅうりの味、混ぜる前と後の酢《す》の加減など、味を体験しているうちに、そばで見ているだけでも料理の段取りを、なんとなく覚えていきます。

あとは子どもの年齢《ねんれい》に合わせて、ちぎる、もむ、切る、電子レンジをセットする、盛りつけるなど、さまざまな役割を振《ふ》っていくといいでしょう。

小学校低学年なら、加熱なしでできる料理を一品任せてみたり、高学年なら「○曜日の昼ご飯は当番よろしくね」と、できれば買い物から片づけまで頼《たの》んだりするのも貴重な1日です。

家族から当てにされ、がんばった最後に「おいしかった」「助かった」と言われると、子どもも「人の役に立てた」と自己肯定感《じここうていかん》が育《はぐ》まれ、また一回り成長するものです。

疲れたときは、エネルギーを笑顔に回して

一生懸命《いっしょうけんめい》な親ほど、毎日の食事作りに義務感や責任感を持っています。忙《いそが》しくても手を抜《ぬ》いちゃいけない……。でも、そんなきまじめさにも夏休みが必要です。

食事の準備は、一生ついて回ります。独りで気負いすぎず、少しずつ家族の協力を得ながら、おおらかに、時にあきらめることも覚えていく。このほうが家族の家事力もきっと育ちます。

疲《つか》れているときは、実力の2割（やればできなくはない残りのエネルギー）を温存して、総菜を買ってきたり、冷凍食品《れいとうしょくひん》をチンしたりしてもいいじゃないですか。

そして残したエネルギーは、にこにこと食卓《しょくたく》でコミュニケーションをとることに、ぜひ、回してほしいと思います。

これ
いらなーい
ブチン
どれだけ
苦労したと
思ってるの!!
せっかく
作ったのに
何てこと
言うの!!
私が
あんまり
がんばり
すぎると、
余裕《よゆう》が
なくなって
家族の笑顔《えがお》が
減る……
びぇー
ビクビク
ちらちら
やればできなく
はないけれど、
ラクしちゃおう
今日は
レトルトカレー
にしようか
やったー♪
作って
ぐったり
毎日笑顔《えがお》で
過ごすことが
いちばん大事だわ
ぱくぱく
ぱくぱく
おいしいね!!

3

あと一品が欲しいとき 旬のシンプル料理が大活躍

忙《いそが》しい毎日、あと一品が欲しいとき、旬《しゅん》の新《しん》鮮《せん》な素材の力を、ぜひ有効活用してほしいと思います。

ある料理人が言いました。

「僕《ぼく》たちがどんなに腕《うで》を磨《みが》いても、自然界の作りだす素材のおいしさにはかなわない。それ自体が完成品ですから。料理とは、それをいかに生かすか、だと思っています」

ある春の日、都心のイタリア料理店で、まさしくこの話を実感する一皿に出会いました。気持ちよくすらりと伸《の》びたアスパラガス数本が、大ぶりのグラタン皿に横たわり、その周囲では何やら粉チーズの焼けたような物がチリチリと音を立てています。これぞ北イタリアの名物料理だとか。

北イタリアはアスパラガスが豊富に取れ、乳製品も多く作られている地方です。アスパラガスとチーズ。見える素材はそれだけですが、良質な素材を選び、最低限の処理と加熱。シンプルな調味料だけで仕上げた素材のおいしさは、格別です。

ここでいう「良質な素材」こそ、「旬《しゅん》の新鮮《しんせん》な物」です。

つまり、家庭でも、旬《しゅん》の新鮮《しんせん》な素材があれば、シンプルな調理で一品増やせるのです。

♣切るだけ、焼くだけで、でき上がり！

たとえば、夏なら取れたてのトマト、なす、とうもろこしといった野菜を、切るだけ、焼くだけ、丸ごと蒸すだけ、素揚《すあ》げするだけ、ゆでるだけの一工程のみでお皿に盛りつけます。

そこに塩、しょうゆ、酢《す》、ポン酢《ず》、オリーブ油、チーズ、あるいは好みのドレッシングなどを、ちょっとおしゃれな器で添《そ》えて出せば、りっぱな旬《しゅん》料《りょう》理《り》の完成、と胸を張りましょう。

魚も肉も同じです。風味付けにハーブ一枝、にんにく一かけでもあればじゅうぶんです。

さっとゆでた
アスパラガスに
バターを絡め、
塩、こしょう、粉チーズをかけて
オーブンで焼く

ボリュームアップしたいときは
上に卵を落として焼いたり、
焼き上がりに生ハムを
載せたりしても

アスパラガスのチーズ焼き

春

大ぶりにちぎったキャベツを
さっとゆでて水に取り、
しっかり水切りをして
1枚ずつふんわり盛りつける

しゃぶしゃぶキャベツ

拍子木切りのじゃがいも、
オリーブ油、
ローズマリー（乾燥ハーブなど）
をフライパンに入れて
じりじり焼く。

最後に強火で
カリッと仕上げ、
塩こしょうをする

じゃがいものハーブ焼き

ビンに
オイルごと入れれば
長期保存もできます

パプリカを
オーブントースターで丸ごと焼き、
火ぶくれした薄皮をはぎとって
芯と種を取る。
手で裂いてお皿に盛る。
塩、こしょう、オリーブ油をかける

パプリカのカルパッチョ

生のパプリカは、
ザクザク切って
湯の中に10秒つけると
甘みが出て、子どもも
食べやすくなります。
サラダなどに添えて

大葉の
せん切り

1cmの角切りトマト

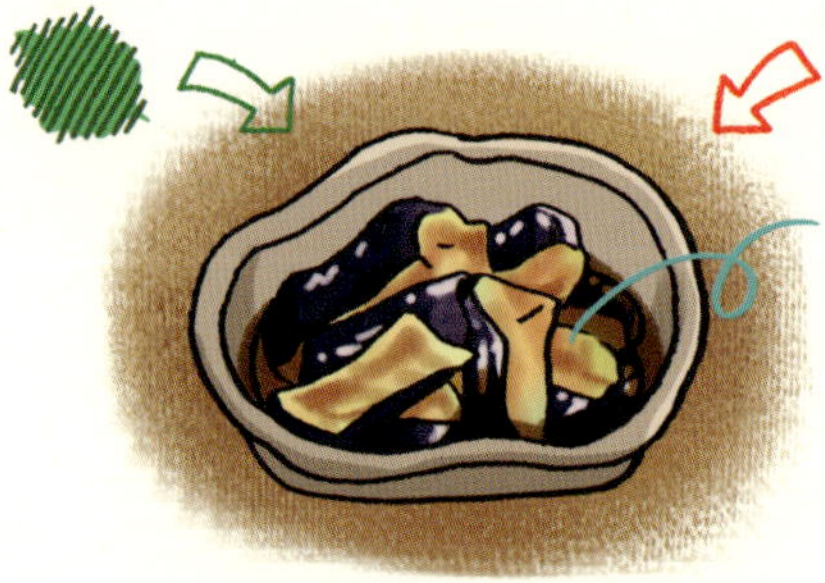

めんつゆに、
少量のおろしにんにくと、
たたいた梅干しを入れて混ぜ、
素揚げしたなすを30分浸す。
そこにトマトと大葉を載せる

トマトとなすのスタミナづけ

冷やしたトマトに
こだわりの塩を振る

Salt

冷やし塩トマト

✿ お好みで

大葉
みょうが
しょうが
ゆかり
じゃこ
しらす

きゅうりを
切らずに皮の外から塩をまぶして
まな板にこすりつけ、しばらくおく。
二重にしたビニール袋に入れて、
めん棒などでたたく。
冷蔵庫で15分なじませ、水気を絞って
盛りつける。甘酢につけてもおいしい

たたききゅうり

✿ 甘酢の作り方

酢
2 : 1
砂糖
酢
Sugar
好みで
しょうがの
すりおろしを
入れても
しょうゆ
ごま油
少々

完熟トマトを
おろしがねでおろす。
塩を加えて混ぜて
完成。

好みで
イタリアンパセリ
オリーブ油
バルサミコ酢
　を加える

ひんやりトマトスープ

さつまいもをスライスして
電子レンジで軟らかくする。
マヨネーズとツナを
混ぜて載せ、
チーズを載せて
オーブントースターで
1分ほど焼く

さつまいものカナッペ

電子レンジで
軟らかくして
つぶした さつまいも

市販の
アイス

混ぜて冷凍庫に
入れるだけ

秋

季節のアイスに
変身します♪

さつまいもアイス

カリッと焼いた
アーモンドスライスを載せると
本格的♪

切ったカボチャをラップで包み、
電子レンジでチン。
冷まして一口大に切り、
レーズンを加えて、マヨネーズであえる

カボチャのサラダ

味付けは
マヨネーズが基本。
酸味が好きなら
フレンチドレッシングを、
甘いのが好みなら
ごまドレッシングを
足す

水分を切って入れる

大根を
せん切りにして塩をまぶし、
水を軽く絞る

大根サラダ

冬

長ねぎを
まるごと直火で
じんわり焼いて、
いちばん外側
だけをむく。
みそをつけて

ねぎの丸焼き

フレンチドレッシングを
かける

長ねぎを
適当な長さに切って、
薄めのコンソメスープと
刻んだベーコンと
一緒に煮る

ねぎのホットサラダ

4

しんどいお弁当作り　ささっと作れる　お手軽おかず

お弁当作りに負担を感じるママは、多いようです。
キャラ弁が上手《じょうず》なママもいますが、わざわざ食事とは別メニューを作るのが手間という人、自分の料理力を世間にさらされるような気持ちになるという人もいます。
欧米《おうべい》の映画で見るように、簡単サンドにりんご1つのランチボックスだったら、どんなに気が楽でしょう。

毎日の家族へのお弁当は、簡単でいいと思いませんか。誰《だれ》かのために作るなら、まずは持たせ持たされのキャッチボールに価値があるのです。

だから、作っているだけでも「えらい！」と、がんばっている自分をほめましょう。

♣塩ゆでだけでも、りっぱなおかずに！

おかずは冷凍食品《れいとうしょくひん》に助けてもらうのもいいでしょう。出来合《できあ》いの食品にも、優れた物がたくさんあります。

脇《わき》を固めるのは、前の晩の煮物《にもの》もいいし、じゃがいもやキャベツを塩ゆでするだけでも美味です。

野菜は季節感を出せる優れ物です。これにドレッシングやさまざまな市販《しはん》のたれを軽く絡《から》めれば、味にも変化をつけられます。

手間ひまをかけすぎず、素材の味わいと彩《いろど》りに助けてもらうとスピードもアップします。

お弁当に大活躍のお手軽おかず

キャベツ巻き

キャベツ1枚を塩ゆでして、チーズと一緒に巻いて切る。ウインナーを巻いて、ごまドレッシングを垂らしてもOK。

簡単ハンバーグ

ビニール袋の中に、ひき肉、たまねぎのみじん切り、少量のパン粉と牛乳を入れ、塩、こしょうをして、よくもむ。一口大にまとめ、平らにしてフライパンで両面を焼く。ケチャップを絡める。

カボチャあまから煮

一口大に切って、なべに少量の水とめんつゆ、砂糖少々を入れて、ことこと煮る。

塩ゆでブロッコリー

一口大に切ったブロッコリーを、強めに塩をした熱湯でゆでる。一気に冷水で冷まし、水をよく切る。

鮭のチーズ焼き

電子レンジでチンした甘塩鮭に、チーズやマヨネーズを載せてオーブントースターで焼く。野菜（カボチャ、じゃがいも、さつまいも）や肉、白身魚でもOK。

のりのりポテト

じゃがいもを一口大に切って、くしがすっとささるくらいまでゆでる。水を切って、しょうゆとちぎったのりを加えて混ぜる。

量のバランスは、ご飯などの主食が3、野菜の煮物《にもの》などの副菜が2、唐揚《からあ》げやハンバーグのような主菜が1の割合が理想的といわれています。2段の弁当箱なら1段はすべてご飯、もう1段の3分の2が副菜で、残り3分の1が主菜です。

おかずはシンプルに3品で。肉か魚料理を1品。それとは味を違《ちが》えてメリハリを持たせた副菜が2品で、じゅうぶんではないでしょうか。

ささっと作ったのに空っぽの弁当箱が返ってくると、「やったー」と、明日への意欲にもつながります。

ごちそうさまでした♡

4章

「和食」はやっぱりすごいんです！

1 海外から注目！「和食」の素敵な魅力とは

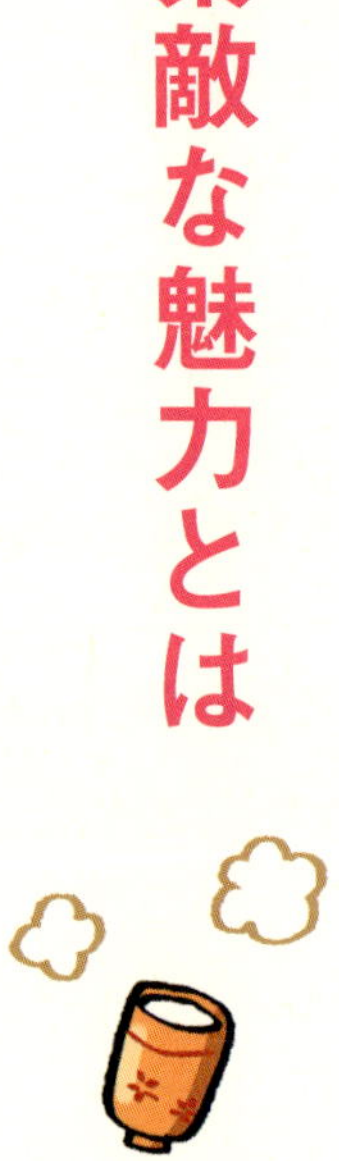

平成25年12月、和食がユネスコ無形文化遺産に登録されたことは、記憶《きおく》に新しいでしょう。家庭の和食文化を守りたいという、たくさんの人が立ち上がってのことでした。

でも、登録される前から和食はすでに、諸外国から注目されていました。

四季を生かし、食材に過剰《かじょう》に手を加えない素材感、発酵《はっこう》食品《しょくひん》やだしのうまみ、器も含《ふく》めた盛りつけの美しさなど、そのポイントはいくつもあります。新鮮《しんせん》な物を新鮮《しんせん》なまま頂くのも、保存・発酵《はっこう》させる物を、この気温や湿度《しつど》を生かして作り上げたのも、どれも私たち日本人の、貴重で誇《ほこ》らしい財産です。

そんな中でもとりわけ魅力的《みりょくてき》なのは、食材にも調理法にも油脂分《ゆしぶん》が少ないのに、うまみがしっかりある点です。そのため、健康的ですし、満足感が得られます。

うまみの有効性は、今や世界から注目を浴び、「ＵＭＡＭＩ」と表記される共通語になってきました。

♣和食の特長

……素材感……


あまり手をかけず、素材の持ち味を生かす。

だしと、少量のみりんとしょうゆで味付けした煮汁《にじる》で、青菜をさっと煮《に》てそのまま冷ます煮浸《にびた》しなど、鮮《あざ》やかな色や、素材の食感を残すように加熱するのが日本風。

……発酵食品……

発酵《はっこう》・熟成させることによって生まれる風味とうまみを、上手《じょうず》に利用する。
しょうゆ、みそ、納豆、漬《つ》け物《もの》など。

……だし、うまみ……

昆布《こんぶ》、しいたけ、煮干《にぼ》し、かつおぶしなど、素材が内に持っている「おいしさのモト」を、水などに取り出すことによって、料理全体をおいしくする。

これさえあれば、料亭の味！
昆布だしの簡単な取り方

冷茶ポットなどに、水１リットルと
15cm角の昆布を入れ、 冷蔵庫に一晩つける。
（好みで、さらに乾燥しいたけを１個加えてもよい）
煮物、みそ汁、茶碗蒸しなど何にでも使えます。

- 冷蔵庫なら１週間は保存可能です。
- だし取りに使った昆布としいたけは、
  そのまま料理に使ってもよいですし、
  冷蔵、冷凍で保存もできます。
  昆布は佃煮にしてもいいでしょう。

2

和食の王様 魚と大豆のマメ知識

日本と西洋の食文化を比較研究《ひかくけんきゅう》している学者によると、古来、主食は日本が米に対して西洋は小麦、たんぱく質源は日本の魚に対して西洋が肉、そして保存のきくたんぱく補助食品は、日本が大豆製品で、西洋が乳製品だといいます。

食の洋風化で指摘《してき》されている心配は、今まで魚を主体に食べ、ヘルシー度が高かった日本の食卓《しょくたく》に急激に肉料理が増え、脂質《ししつ》を取りすぎるようになったことです。

確かに肉類には魚類にはない優良たんぱく質や、うまみがあり、多くの人に好まれます。肉食が日本人の体位を向上させ、スポーツで世界と戦えるようになったのも事実です。また、調理するのも食べるのも、魚に比べれば簡単で早いという利点もあります。

ただ、表に示したとおり、同じたんぱく質源でも肉と魚、あるいは同じ肉でも部位によって、脂質《ししつ》の量が、これほどに違《ちが》うことはご存じでしょうか。

どうして魚はヘルシーなの？

肉類の脂質《ししつ》には、取りすぎると動脈硬化《どうみゃくこうか》に通じると考えられている飽和脂肪酸《ほうわしぼうさん》が多いことが心配です。

逆に、魚油に多く含《ふく》まれる不飽和脂肪酸《ふほうわしぼうさん》は、動脈《どうみゃく》

100g中のたんぱく質と脂質の量

	たんぱく質(g)	脂質(g)	エネルギー(kcal)
豚バラ肉	14.2	34.6	386
豚ロース肉	19.3	19.2	263
豚モモ肉	20.5	10.2	183
豚ヒレ肉	22.8	1.9	115
クロマグロ(脂身)	20.1	27.5	344
クロマグロ(赤身)	26.4	1.4	125
大豆(ゆで)	16.0	9.0	180

(参考：五訂増補 食品成分表)

硬化《こうか》や高血圧を予防し、血糖値や血中コレステロール値を下げる効果があります。さらに、脳にいい刺激《しげき》を与《あた》える脂肪酸《しぼうさん》のＤＨＡ（ドコサヘキサエン酸）も含《ふく》まれていることも、広く知られるところです。

魚はヘルシーといわれるゆえんですね。

そんな魚がたくさん取れる日本にあって、魚を遠ざけたまま大人になるのは、とても残念なことだと思います。

栄養学的には1日1食は魚料理を主菜とするのが望ましいのですが、まずは1週間に1回、2回と肉に代えて、「魚かぁ」と、子どもたちにたとえ文句を言われても、少しずつ味わいは伝えておきたいものです。

動脈硬化や
高血圧予防
メタボや
糖尿病改善
脳力
アップ
魚ってスゴイ！

♣大豆には良質のたんぱく質がたっぷり

いまや世界のあちこちで生産される大豆は、もともとは中国や日本といった限られたエリアで作られていました。

大豆の優れているところは、ほかの豆類とは違《ちが》って、良質のたんぱく質がとりわけ豊富な点です。豆腐《とうふ》、油揚《あぶらあ》げ、高野豆腐《こうやどうふ》、湯葉《ゆば》、納豆、きなこと、実に多彩《たさい》に日本の食を支えてきました。

豊富なたんぱく質が発酵《はっこう》を経《へ》てできる「うまみ」も、しょうゆ、みそとなって教えてくれました。

大豆のたんぱく質は、１００グラム中16グラムで、肉並みにあるにもかかわらず、脂質《ししつ》は９グラムと肉に比べて少なめです。さらに、大豆には、ご飯などの糖質をエネルギーに変えるときに必要なビタミンB_1や、現代人に不足ぎみの食物繊維《しょくもつせんい》を補給してくれるメリットもあるのです。

たんぱく質は
肉並みだけど
脂質は少なめ！
むうっ
やるな

3

ちょっと上級 和総菜に挑戦してみよう

脂質《ししつ》を取りすぎないようにするには、和の総菜がお薦《すす》めです。

ドレッシングをかける生野菜のサラダをおひたしに変えたり、あえ物や煮物《にもの》を増やして、油の少ない料理に少しずつシフトしてはいかがでしょう。

季節の青菜をさっとゆでてごまよごし（ごまあえ）、あるいは豆腐《とうふ》とみそで白あえに。味付けは、めんつゆやだしの素の力を借りるのもよし、です。

小松菜と揚げの煮浸し

材料：小松菜 3株　　油揚げ 1枚

❶小松菜は4cmの長さ、油揚げは油抜き（熱湯をかける）をして1cm幅の短冊切りにする。

❷なべにだし汁150ccを煮立て、みりんとしょうゆをそれぞれ大さじ2入れ、①を煮る。

❸小松菜がしんなり煮えたらでき上がり。

れんこんのきんぴら

材料：れんこん 200g

❶れんこんは皮をむいて、
薄い半月切りか、いちょう切りにする。

❷ごま油で２、３分強火でいためたら、
酒大さじ２〜３を入れてさっと煮る。

❸火が通ったらみりん、しょうゆを大さじ
２ずつ加え、煮汁がなくなるまで煮詰め
てでき上がり。
好みで途中から唐辛子の輪切りを混ぜて
もよい。

サバの味噌煮

材料：サバの切り身 ３枚

❶なべに、水カップ１と、酒、砂糖、みりんを各大さじ２ずつ、さらにしょうがの薄切り数枚を入れて煮立てる。

❷サバを、皮を上にして、重ならないように入れる。

❸ふたをして中火で約10分煮る。途中、ときどきスプーンで煮汁をすくって表面に回しかける。

❹③の煮汁を少し取り出し、みそ大さじ２～３を溶いてなべに戻し、弱火で約５分煮る。

※付け合わせは、別に焼いたねぎを④でなべに戻して煮る。

ブリの照り焼き

材料：ブリの切り身 3枚

❶しょうゆ、酒、みりんを大さじ4対1対1（好みでここに少し砂糖を加えてもOK）で合わせ、ブリの切り身を10〜30分浸す。

❷ペーパータオルで水分をふき取る。
熱したフライパンに少量の油を引き、盛りつけたときに表になるほうから弱火で焼く。焦げやすいので注意する。

❸7割焼けたら返して、漬けていた①の汁を回し入れる。
フライパンを揺すりながら汁を絡めるようにして火を通す。

❹汁けが少なくなって、
とろみが出てきたらでき上がり。

4

おいしくて、栄養満点 いっぱい食べたい「旬」の味

旬《しゅん》の物を食べましょう、という呼びかけを、今まで聞いたことがない人は、ほとんどいないでしょう。

旬《しゅん》とは、その野菜や果実、魚などが、自然と自分の力で最も育ちやすい季節に、人間にとって「おいしく」なった時期です。したがって経費もかからず、たくさん出回るので価格は安くなっています。加えて、その生物が持っている本来の生命力を保つために、栄養

もたくさん蓄《たくわ》えるので、滋養《じよう》豊かです。

たとえば、ほうれんそうのビタミンC含有量《がんゆうりょう》は、旬《しゅん》の冬採りの物では夏採りの3倍です。

秋と春が旬《しゅん》のブロッコリーでは、カロテンは夏の2、3倍、ビタミンCも2倍近くにもなります。

さらに、旬《しゅん》を知って買い物に行くと、店頭の主役交代にも敏感《びんかん》になり、季節の移り変わりが楽しみになります。

♣一年中見かける野菜、旬はいつ？

ところが、いざ旬《しゅん》の物を選ぼうとすると、意外に難しいことに気がつきます。店頭には一年中、あらゆる食べ物が産地を変えて顔をそろえ続けるうえに、値段もそこそこに抑《おさ》えられていることが多いからです。

そこで、「旬《しゅん》とは何ですか？」とある農業指導者《のうぎょうしどうしゃ》に尋《たず》ねました。すると、「その野菜や果物《くだもの》の出盛り期ですね。売り場で、最も場所を占《し》めている物がそうです」という回答が返ってきました。

当たり前のようで、実はこの「出盛り」の概念《がいねん》が、一昔前の感覚の「旬《しゅん》」と微妙《びみょう》に違《ちが》っています。現代の農産物は、消費者のさまざまな要求にこたえるために、品種や栽培方法《さいばいほうほう》、さらには流通の工夫で、従来の旬《しゅん》とは少し時期をずらしている物も、けっこうあるからです。

たとえば、いちごの出盛りは、全国的にかつての春からすでに1、2月になりました。きゅうりは夏が旬《しゅん》ですが、ビニールハウスなどの施設栽培《しせつさいばい》が主流となった今では、埼玉県の場合、出盛りは5月と10月です。

じゃがいものように露地栽培《ろじさいばい》しかない物は、日本列島を南から北へと産地を変えて、春先から夏にかけて、各地の出盛りの物が出てきます。

旬《しゅん》は、自然界そのままの露地《ろじ》の物も意識しながら、スーパーなどの売り場で、最も場所を占《し》めている物を「地元の出盛り」として頂くのがよいでしょう。折《お》り込《こ》みチラシの情報や、売り場にある「今日のオススメ」も、地元の旬《しゅん》を知る、手っ取り早い方法です。

チャンスがあれば、市場や農産物直売所に親子で出かけたり、田畑の収穫体験《しゅうかくたいけん》に出向くのも楽しいものです。そこで、自分が思っていた旬《しゅん》と「出盛り」が違《ちが》ったら、売っている人に聞いてみるのもいいですね。きっと新しい発見があるはずです。

5

秋こそ目指せ！ 魚上手
魚のきれいな盛りつけ方、頂き方

秋は、近海の魚が豊富に取れる季節です。野菜に旬《しゅん》があるように、魚にも旬《しゅん》があります。日本の漁港にあがる代表的な魚、7種類をピックアップした月ごとの合計値を見ると、「秋こそ魚の旬《しゅん》」といえそうです。

グラフの中で、秋にぐんと数字を押《お》し上《あ》げている主役は、サバとサンマです。9月から11月は、この2種で、合計値の6割以上を占《し》めます。

サバ、サンマのほかにも、アジ、イワシ、タイなど、近海で取れる魚の旬《しゅん》を知れば、価格も安いときに購入《こうにゅう》できます。

塩焼きにしてもおいしいですし、煮魚《にざかな》などにも挑戦《ちょうせん》してみてはいかがでしょう。

♣魚の食べ方プチ・トレーニング

長年、魚食を食文化にしていた日本人の「魚離《さかなばな》れ」が進んでいると騒《さわ》がれています。消費量だけでなく、魚一尾《いちび》を目にしたり、自宅で調理したりする機会が減っているという、視界からの「離《はな》れ」も含《ふく》まれているでしょう。

魚類以上に肉類を食べるようになったのですから、近海の魚を見ても名前が言えなくなってきた

資料：平成21年、月別品目別上場水揚量
（マグロ、カツオ、イワシ、アジ、サバ、サンマ、ホッケの合計値。水産庁調べ）

のも、しかたがないかもしれません。

しかし、魚を食べていないわけではなく、切り身料理や刺身《さしみ》、手巻きずしなど、手軽なほうに偏《かたよ》って、一尾《いちび》サイズの魚とのつきあいが減っているということです。となれば、きれいな盛りつけ方や食べ方など、食卓《しょくたく》での伝承は難しくなってきたのではないかと思います。

改まった席など、大切な人との会食で魚料理に出会うこともあります。そんなとき、少しでも予備知識があれば、緊張《きんちょう》も少なく頂くことができるでしょう。

ただ、何げないことも、日々の積み重ねがないと、なかなか急にできるものではありません。少しずつ、チャンスがあるごとに、「練習だ」と思ってチャレンジです。この前提には、はしが一人前に使えることも大切になってきますね。

練習は何歳からでも始められます。きれいな食べ方、できたら拍手《はくしゅ》を！

魚の盛りつけ方

一尾ものは、頭を左側に、腹を手前にする。

皮つきの切り身は、皮目を上にして腹側または中心部が手前になるように。

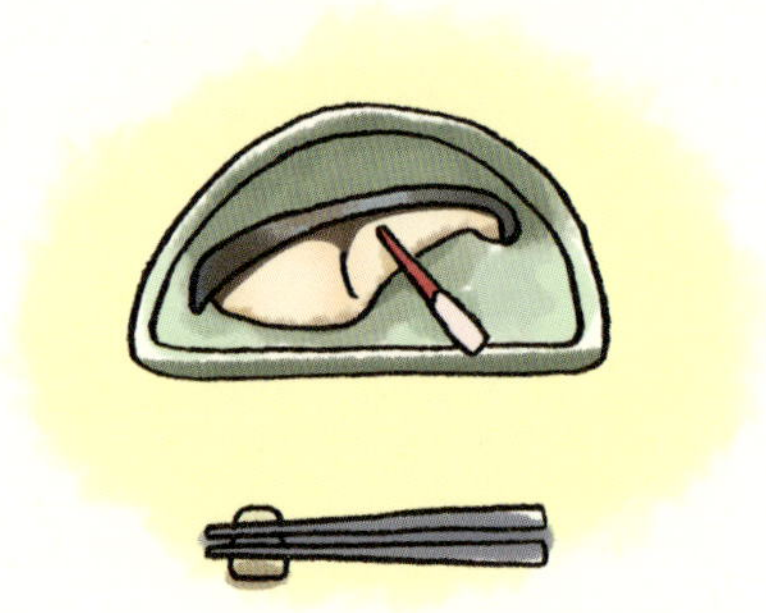

※はじかみ（根しょうが）、レモン、大根おろしなどのあしらいは右手前に形よくそろえる。

魚の食べ方

1

左手で頭を押さえ、はしで背びれなどを除き、向こう側に置く。

2

上身（天井側）を左（頭の下）から尾に向かって頂く。

3

中骨をはしでつまんで下身から外し、頭と一緒に向こう側に置く。

左手を使ってもＯＫ。

4

下身を頂く。残った骨などは、皿の端へ１カ所にまとめて置く。

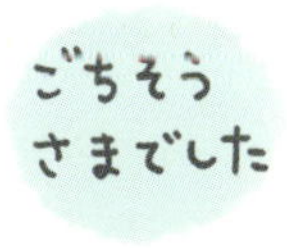

クイズ

魚の卵、親は誰？

「魚の卵」といったら、いくつ思《おも》い浮《う》かぶか、夕食の話題にしてみませんか。
まず、丼《どんぶり》や寿司《すし》で食べられる「イクラ」は、「たまご」の意味のロシア語からきていて、サケやマスの卵を1粒《つぶ》ずつにほぐして塩漬《しおづ》けにした物です。これをつながったまま塩漬《しおづ》けした物が「スジコ」といわれます。

「カズノコ」は「数の子」とも書き、卵の数の多さが子孫繁栄《しそんはんえい》につながるということから、お正月や結納時の縁起物《えんぎもの》として愛用されてきました。名称《めいしょう》は親であるニシンの別名「かど」から「かどの子」がなまったそうです。

間違《まちが》えやすいのが「タラコ」。その名のとおりタラの子どもではありますが、なべやムニエルにするマダラではなく、すり身にしてかまぼこやちくわにするスケトウダラの卵です。これを塩漬《しおづ》けしたのが「タラコ」で、唐辛子《とうがらし》に漬《つ》けた物が「辛子《からし》めんたいこ」です。

「カラスミ」は、ボラなどの卵巣を塩漬《しおづ》けし、塩を抜《ぬ》いて天日干しして作られる物で、ほかにサワラやサバの卵も使われます。タラコを上から押《お》しつぶしたような姿が印象的ですが、中国の良質な墨《すみ》「唐墨《からすみ》」に似ているところからこの名前があると聞きます。

「トビコ（またはトビッコ）」は、トビウオの卵です。ゴールデンキャビアとも呼ばれ、すし種としてよく出会いますね。

食卓《しょくたく》の黒いダイヤといわれるのが世界三大珍味《せかいさんだいちんみ》の1つ「キャビア」。親はチョウザメで、カスピ海産が有名です。けれど、最近は20年かかってやっと成熟する親を捕《と》りすぎたせいで、親も卵も減ってしまいました。

卵を頂くということは、親と次の世代の命を頂くということです。魚食文化の長い日本人として、このあたりを知っておくことは、大切かもしれません。

☆ 線でつないでみましょう

キャビア
タラコ
イクラ
カズノコ
トビコ
チョウザメ
サケ
トビウオ
ニシン
スケトウダラ

6

はしを美しく持てる子に 正しいはしの持ち方、選び方

「これから育つ子どもには英語、牛肉、フォーク、この3つが大切。おはしの習得に時間をかけるなんて、ナンセンスよ」

ずいぶん前にある人からこんな言葉をぶつけられ、面食らったことがあります。その後、食育ブームで、はし遣《づか》いを大切にする機運が高まって、ホッとしています。

しかし世間で騒《さわ》がれると、はしがうまく使えないわが子を前に焦《あせ》るのが親心です。

そうはいっても、手先の運動機能の発達には個人差があり、ほぼ整うのが小学6年生ごろと聞きます。幼児のころから焦《あせ》る必要はありません。

Benesse食育研究所「食事としつけに関するアンケート2009」の調査でも、高学年で、まだ上手《じょうず》に使えない子が約2割という結果でした。

小学校卒業あたりを目標に、習得まで焦《あせ》らず、家庭で導いていけばよいと思います。

まず、はし遣《づか》いの前に、はし選びは大丈夫《だいじょうぶ》ですか？

はしは、滑《すべ》りにくい素材で細すぎず、太すぎない物が、お薦《すす》めです。

長さは手首から中指の先までより3センチほど長い物が、使いやすさの目安とされています。

しかし、いちばんよいのは本人が自分の手で持ってみて、使《つか》い心地《ごこち》を確認してから買うことです。靴《くつ》と同じように、本人でないとなじみ具合はわからないものです。

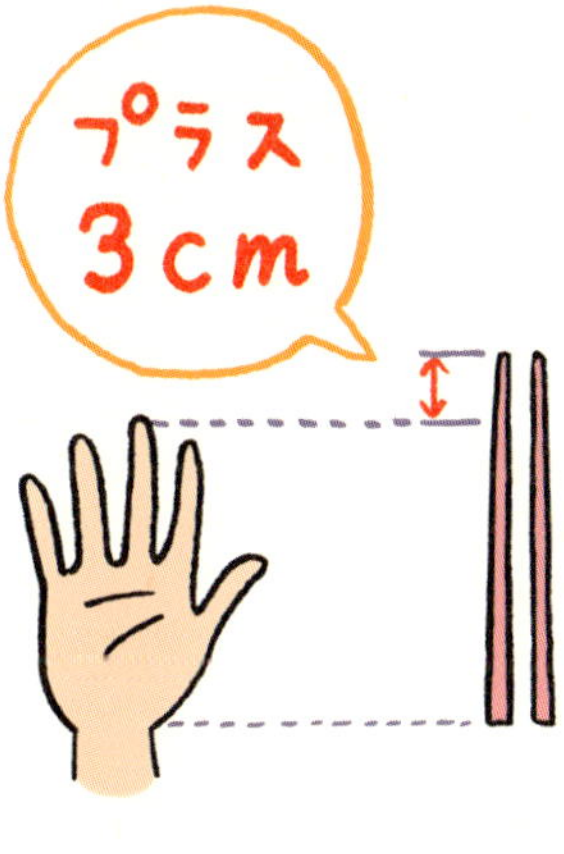

美しいはし遣《づか》いの練習は、本人が興味を持ったときこそ本格スタートのとき。最初から上手《じょうず》に使えなくて当たり前とゆったり構え、機嫌《きげん》を見ながら持ち方や動かし方を確認しましょう。

練習するならイラストのような方法もあります。

厚めの肉や軟《やわ》らかく煮《に》た野菜などが、初めはつかみやすいようです。成功したらしっかりほめることも忘れずに。

ところで、一緒《いっしょ》に食事をするパパやママのはし遣《づか》いは大丈夫《だいじょうぶ》でしょうか。

子どもと一緒《いっしょ》なら、学び直しも初心に戻《もど》ってできそうです。

次のイラストを参考に、ときどき互《たが》いの手元をチェックしてみてください。

はしの持ち方練習法

① 1本だけで動かす練習

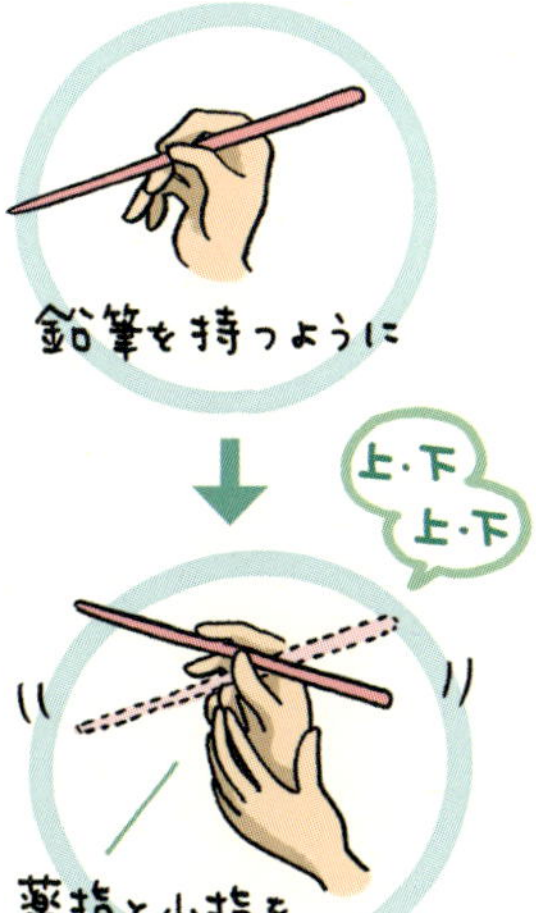
鉛筆を持つように
上・下
上・下
薬指と小指を
反対の手でそっと押さえる

- 1本だけ鉛筆を持つように軽く持ちます。
- 薬指と小指は折り曲げて、もう片方の手でそっと押さえて、上下に動かす練習をします。

② 2本で、上のはしを上下に動かす練習

上のはしだけを
動かして、
下のはしに
くっつける
チュッ
下のはしは
薬指に当てて
動かないように

- 2本めのはしは、親指の付け根に下から滑り込ませます。
- 薬指のつめの横に当てて、動かないように。上のはしをそっと下ろして、下のはし先とそろえばOK!
- 今度は2本で、上のはしを上下に動かして練習してみましょう。

5章

食育は、みんなが幸せになるためのもの

1

ママのイメージは「食育って、めんどうそう……」

ある幼稚園《ようちえん》で、「食育って、どんなイメージ？」とママたちにアンケートを取ったら、「バランスの取れた食事を取らせること」「食べ物を手作りすること」と返してくれた人が、たくさんいました。中には「めんどうそうで、できれば一生関《かか》わりたくない」と書いた人もいて、その正直さに噴《ふ》き出《だ》してしまいました。

教育＝educationの「educate」とは、本来、力を「引き出す」という意味だと聞いたことが忘れられません。

「食育ってやつ、大っキライ！」

と拒否反応《きょひはんのう》を示すママの話を聞くにつけて、「食育」という言葉が、模範的《もはんてき》な結論を押《お》しつけるようなイメージになってしまっているのではないかと思います。

人を育てるのは、自分を意識して作ってくれた心

「食育」……と、ここではあえてこの言葉を使わざるをえませんが、この考えの根本は、みんなが心身ともに幸せになるためのもののはずです。そうであれば、幸福感はもとより健康もライフスタイルも、外から「模範例《もはんれい》」を強要するのはおかしいでしょう。

ただ、まだ自ら判断ができない子どもには、現代の科学で「このほうがいい」とわかっていることなら、できる限り知識として伝えたり、食べさせたり、また1日のリズムのような習慣や、はし遣《づか》いなどの技能を身につけさせたりするのが、大人の役目だと思います。

今は、お金さえあれば好きな物が食べられます。でも、人が幸せになるためには、ただのモノではなく「心ある食べ物」、つまり料理が作られるまでの間に、自分を意識してく

れた心が感じられることが、本当の意味で〝人間〟を育てると思うのです。

そんな価値に本人が気がつくのは、ひょっとしたら何年も先かもしれません。

本人の「よりよく食べたい力」が出てきたとき、精いっぱいこたえる、支える。その日のために、親である私たちが、家庭の食卓《しょくたく》を守り続ける方法を、一緒《いっしょ》に考えていきませんか。

食育とは

心身ともに幸せになるためのもの

2

「いただきます」は幸せのことば

「いただきます」「ごちそうさまでした」は、毎回言っていますか？
給食のとき、家族そろって食《しょく》卓《たく》を囲むときなど、みんなそろって、さあいただきましょうとあいさつできると、気持ちがいいものです。
食事のときのあいさつの言葉がある国は、世界でも珍《めずら》しいのをご存じでしょうか。
食事の相手に「どうぞ召《め》し上《あ》がれ」「お先にいただきます（食べます）」と言う国はいく

つかありますが、あいさつとして「いただきます」と言う国は、韓国と日本以外、私は知りません。

このことに気づいたころ、生活文化の伝承教室の講師が言いました。

「私たちが頂くのは植物や動物という命ある生き物です。その命を絶ち、自分の口に入れて私たちは生きていく。だから、本当の意味は『あなたの命を私の命にさせて〝いただきます〟』なんですよ」

これを聞いたとき、私は日本人の自然を思いやる姿勢に、誇《ほこ》りに似た気持ちを覚えました。

「いただきます」にはもう1つ、食事を作ってくれた人への感謝も入っていると思います。さらにいえば、その食材を育て収穫《しゅうかく》してくれた人、運んでくれた人の労力への感謝も忘れないようにしたいものです。

命を譲《ゆず》ってくれた生き物と、食事として自分の器まで届けてくれた人々。その両方に対する謝意が「いただきます」だと思います。

最後の「ごちそうさま」には「(○○が)おいしかった」という一言も添《そ》えると、なお印象に残る食事になるでしょう。

こういったあいさつを耳にしたとき、食材を作った人も、料理を作った人も、自分が大事にされたような気持ちになり、またがんばろうと元気が出ます。

食事をする自分自身にもけじめがつき、相手も幸せにする。この習慣は、ぜひ大切にしたいものです。

Dr.明橋の相談室

Q 主人も私も仕事が忙《いそが》しく、朝も早いので、子どもと一緒《いっしょ》に食事をすることがほとんどありません。

A 平成11年7月、放送されたNHKスペシャル「知っていますか　子どもたちの食卓《しょくたく》」は、視聴者《しちょうしゃ》に、衝撃《しょうげき》といっていいほどの反響《はんきょう》を呼び起こしました。

そこには、子どもたちのかいた、家庭の食事風景の絵が次々と紹介《しょうかい》されていました。

広い食卓《しょくたく》に、ぽつんと独り食べている子ども、食事はご飯1膳《ぜん》だけ。一言「まずい」とコメントが書かれた絵、あるいは、朝食はおにぎりと飲み物、夕食はうどんと水、朝夕ほとんど独りで食べているという女の子の絵……。

そこに浮《う》かび上《あ》がったのは、寒々とした日本の子どもたちの食卓《しょくたく》の風景でした。

朝食を独りで食べる子どもは26パーセント、夕食を独りで食べる子どもは7パーセント、家族そろって朝食を取ることが週に1度もない子どもは、33パーセントに上る、などのデータは、子どもたちのかいた絵とともに、現代の子どもたちの孤食《こしょく》（独りで食べる）の実態をリアルに映し出していたのです。

その後も、平成24年、内閣府から発表された「食育白書」には、この孤食《こしょく》の傾向《けいこう》とともに、孤食《こしょく》と、心身の健康との関連についても報告されています。

夕食を独りで食べる子どもは「身体のだるさや疲《つか》れやすさを感じる」「イライラする」割合が、家族と一緒《いっしょ》に食事をする子どもに比べて、突出《とっしゅつ》して高くなっています。

平成16年の厚生労働省研究班の調査でも、「家族で食事をする機会がめったにない子どもは、ある子どもより、『他人の話しかけに答える』など、対人技術の発達が後れるリスクが70倍、理解度が後れるリスクが44倍高い」と報告されています。

もちろん、それぞれの家庭には、やむをえない事情があるでしょう。

しかし、子どもが食事をいつも独りで食べる状況《じょうきょう》は、単に「寂《さび》しいこと」というだけではなく、さまざまな子どもの心身の健康、発達の後れに関係していることを、私たち大人は、もっと知る必要があるのではないかと思います。

夕食を独りで食べる子ども
だるさ
疲れを
感じる
イライラ
する

家族で食事をする機会が
めったにない子ども
コミュニケーションの
発達が後れる
リスク
70倍!
ボー
理解力が
後れるリスク
意味が
ワカラナイ……
44倍!

3

コミュニケーション力もアップ！親子で味を言葉にしよう

ワインのソムリエは、味や風味について、とてもたくさんの言葉を持っています。

そのワインの味わいの研究から、子どもの味覚教育の手法を開発したフランスのジャック・ピュイゼ氏の講演会で、「味覚は一生学んでいくもの」と聞きました。

味覚を幅《はば》広《ひろ》く体験して自分のメモリーを増やし、他人との共通言語も増やしつつ、自らの主張もする。これが、ひいては心を開くことや、周囲とコミュニケーションを取ることにつながり、人と人をより近く結びつけることになるのだ、と主張しています。

その原点には、私はやはり、家庭の食卓《しょくたく》の役割が大きいのではないかと思うのです。


ある場所で、酢《す》を薄《うす》めた物を「にがい」と言う小学生に出会いました。お母さんが「えっ、これ、レモンと同じような味よ、ほら、苦いじゃなくて……」と言っても、どうしても「すっぱい」という言葉とは結びつかないようでした。

こんなとき、周囲の大人は一瞬《いっしゅん》、「大丈夫《だいじょうぶ》かしら？」と心配になります。でも、これは、ほとんどの場合は、味覚と言葉が一致《いっち》していないだけです。

言葉は、人が生まれ育った文化圏《ぶんかけん》で、後天的に習得するものです。その中で、人がそれぞれ感じていることを、共通の言葉で表現する。これは、年長者が同じ体験をしながら「氷って冷たいね」「ガリガリしていて硬《かた》いよ」と教えるように、同じ物を食べて、言葉を

プラムのような果実香に
味わいはなめらかで広がりがあり
繊細ながらもやや丸みを帯びた酸が
見事に調和し
余韻は地中海の風を思わせる
……
ブドウジュースね
ブドウ100%
ブーッ
そこまで言わなくても！

かけ合うことでしか、学べないのだと思います。

食卓《しょくたく》で、今、食べている目の前の物について、子どもの前で、「たまねぎがこんなに甘《あま》くなったよ」とか、「この焼《や》き芋《いも》、ほくほくしていておいしいね」などと、どんどん言葉にしてみましょう。

ご飯って ずっとかんでると 甘くなるね！
おばあちゃんの 梅干し、 すっぱいわ〜〜っく
今日のおみそ汁 ちょっと塩辛くなっちゃった
!!
おくらと山芋の ねばねばコンビ だよ〜〜

味わいを言葉にするのは、大人にもけっこう難しいときがありますが、「何て言おうかな」と考えること自体、その食べ物をよくよく味わっているということ。まずは、ここからスタートしませんか？

味の違いを比べてみよう

上のほうが甘いよ!!
ぶどう

先のほうが甘いよ!!
いちご

上のほうは甘いから大根おろしやサラダにおすすめ♪
大根
先のほうが辛いよ

4

朝ご飯は、1日の始まりスイッチ

「朝よー、起きてーっ」

子どもがこれで起きてくるなら花マルです。もし掛《か》け声《ごえ》だけで起きられないなら、まず、カーテンを開けて光を見せます。この、視覚からの刺激《しげき》でメインスイッチがオン。次が朝ご飯。これで体にスイッチ、オンというのが昨今注目を浴びている時間栄養学です。

この2つのスイッチを時差2時間以内（理想は1時間以内）に入れると、体の体内時計《たいないどけい》が同調し、代謝機能が1日リズミカルに働き元気に過ごせる、ということがわかってきたようです。

朝の光は自然にやってきますが、1日3食のリズムの1拍子《ぴょうし》めは、そばにいる大人が意識して作っていきたいですね。

♣朝ご飯で学力・体力ともにアップ！

朝の2つのスイッチ

朝ご飯を「食べないことがある」という子どもは、平成24年度の文部科学省「全《ぜん》国《こく》学《がく》力《りょく》・学《がく》習《しゅう》状《じょう》況《きょう》調《ちょう》査《さ》」では小学6年生で11・3パーセント、中学3年生で16・0パーセントとなっています。

もし朝、おなかがすいていないなら、生活スタイルを見直してみましょう。前夜は遅《おそ》くとも9時まで、または寝《ね》る2時間前までに食べ物を取るのをやめると効果的です。

朝ご飯を食べないと、次のような弊《へい》害《がい》があるといわれています。

①体がエネルギーを節約して太りやすくなる

②代謝リズムが狂《くる》い、不調の原因になる
③集中力が落ちる。交通事故率も上がる

逆に、朝ご飯を食べれば、太りにくく、体調もよく、学習効率も上がる、ということです。さらにいえば、1日に摂取《せっしゅ》する食品数も増えるので、栄養バランスも取りやすくなり、いいことばかりです。

朝、何を食べるか、も大切です。米や小麦の炭水化物は、体内時計《たいないどけい》にスイッチを入れ、脳が唯一《ゆいいつ》のエネルギー源とするブドウ糖を確保するために、必ず取りたい栄養素です。

そして、おにぎりやパンだけより、卵、乳製品、肉、魚、大豆製品などのたんぱく質が加わると、体温が上がりやすく、朝のスイッチ効果はぐんとアップします。

さらに野菜や果物《くだもの》、腹もちをよくしてくれる脂肪分《しぼうぶん》（バター、ドレッシング、チーズなど）もあれば、食事の栄養バランスも整い、午前中の燃料補給は万全です。

朝ご飯と学力・体力との関係

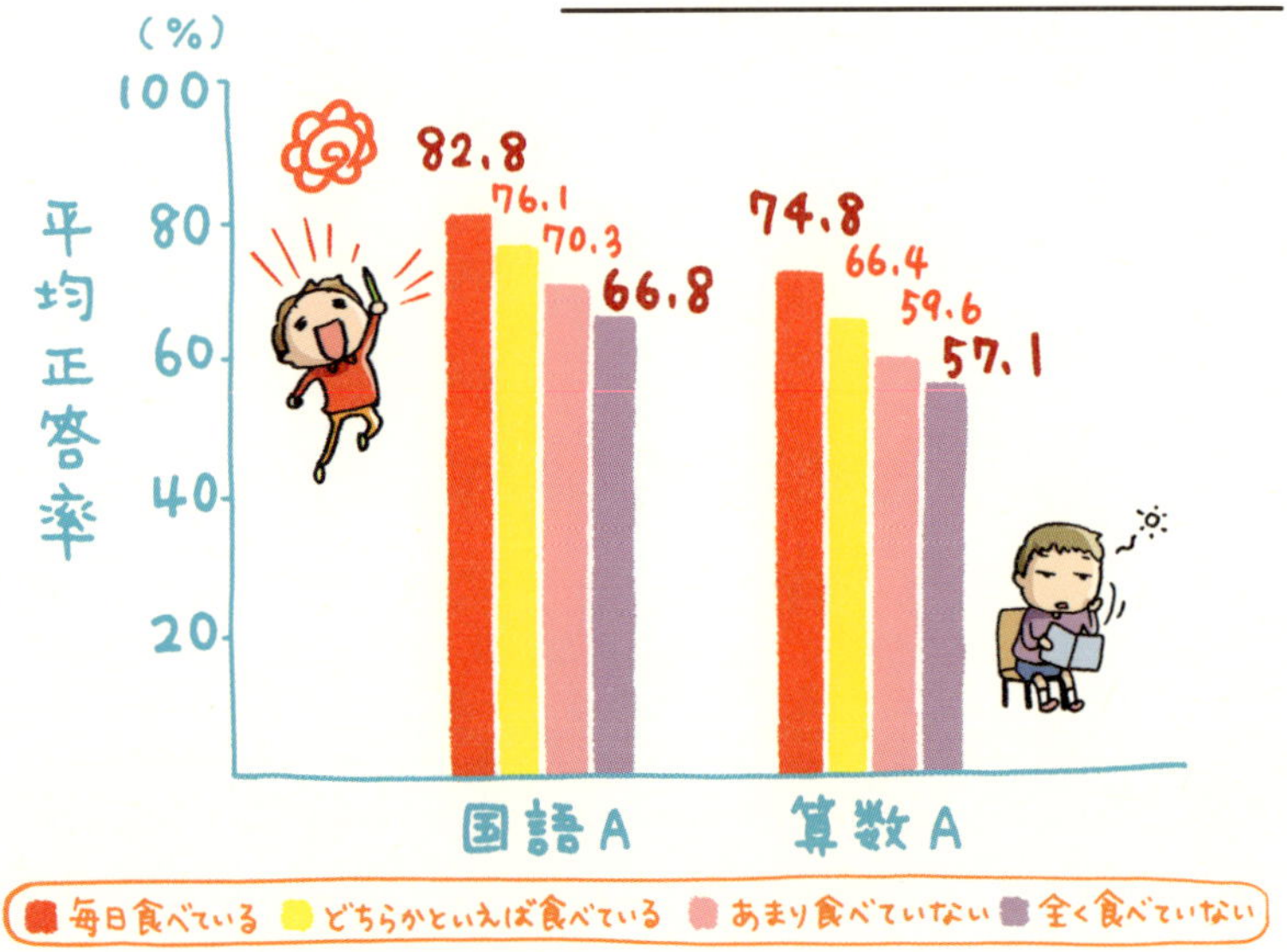
(%)
100
80
60
40
20
平均正答率
82.8
76.1
70.3
66.8
74.8
66.4
59.6
57.1
国語A
算数A
毎日食べている
どちらかといえば食べている
あまり食べていない
全く食べていない

平成24年度　文部科学省「全国学力・学習状況調査」（小学６年生）
※国語Ａ・算数Ａ……基礎的・基本的な知識・技能が身についているかどうかを見る問題

(点)
60
55
50
45
体力合計点
54.1
51.9
50.5
54.9
53.0
51.3
男子
女子
毎日食べる
食べない日がある
毎日食べない

平成25年度　文部科学省「全国体力・運動能力、運動習慣等調査」（小学５年生）

5

親子で料理　イライラしちゃうけど　幸せがいっぱい

「子どもは料理をしたがるけど、忙《いそが》しいし、危ないし、どうしてもイライラしちゃって、あっちに行ってて、ってなるかな……」

親子料理教室に、そう言って参加する方がたくさんいます。

個人差もありますが、子どもは1歳にもなると台所のいろいろな道具に興味を持ち始め、早ければ2歳くらいから包丁にも手を出します。何より大好きなのがだんごやハンバーグのように手でこねる物。でも、忙《いそが》しい親としてはこのあたりからストレスも急上昇《きゅうじょうしょう》です。

イライラ回避《かいひ》の第一歩は、子どもの手出しの範疇《はんちゅう》を決めることです。

まずは、はしやコップ並べ、食べ終わったら一緒《いっしょ》に流しまで運ぶ、といったことから。水が気持ちよい季節には、割れない物、たとえば、はしやお椀《わん》、ボウルやおたまを、気が済むまで洗わせるのもよいでしょう。

食材なら、キャベツやレタスを手でちぎる、豆をさやから出すといった手伝《てつだ》いから、道具使いはピーラーや型抜《かたぬ》きなど、比較的《ひかくてき》安全で楽しいものがお勧《すす》めです。

そして、それがどんな結果になっても「ありがとう、助かった」と伝えることも忘れずに。

認められた、役に立ったと本人が思えたら、好奇心《こうきしん》だけでなく達成感も満たされ、きっと持続につながります。

ただし、キッチンにある火や刃物《はもの》の恐《おそ》ろしさを教えることも大切です。

始める前に毎回、真剣《しんけん》に、目を見て注意し、幼いうちは、それらの危険な物から離《はな》れて作業させせましょう。

お母さん何かお手伝いすることない？
ありがとう
じゃ、机をふいて、はしを並べてくれる？
えーじゃあいい
くるっ
……
むうっ
子どもは食材に触らないと気が済まないらしい
できることを用意してやらないとね
じゃあ卵の殻《から》むきやらない？
やる！
たとえそれが
ボロ……
どんな結果になろうとも……
ふー、やっと全部できた
疲れた
身が！
身があまりナイ！
どうもありがとう
お礼の言葉を忘れずに
お母さんってたいへんなんだね
困ったときは何でも言ってね！

子どもにできるお手伝い
卵を割る
とく
きのこをほぐす
野菜を洗う
いんげんのすじを取る
枝豆をむしる
みじん切り
パンにバターをぬる
サンドイッチを作る
大好き！
味見係
手でちぎる
こねる
ラップおにぎり
よそう
盛りつける
成形する
切る

料理で深まる家族の交流

今の食育ブームは、1990年代初めに始まった子ども向け料理番組「ひとりでできるもん！」（NHK）のヒットから、とする見方があります。お手伝《てつだ》いではなく、子どもが主体の料理作りです。

これはこれで、本人の好奇心《こうきしん》や向上心を大きく伸《の》ばすものだと思いますが、私はあえて、親子一緒《いっしょ》の料理作りを、何歳になっても勧《すす》めたいと思います。「味」を介《かい》した、素晴らしい家族の交流だと思うからです。

手がかかる年齢《ねんれい》のうちは、思い切ってイベント会場に出向きましょう。会場が近くにない場合は、自宅で親子料理イベントの日を作ってみてはいかがでしょうか。友達親子を誘《さそ》うと、さらに楽しさは倍増します。メニューは何でもいいのです。

親子で作業をすると、子どもの意外な力に気がついたり、子どもは子どもで親を「さすが」と認めたり。また、味付けも「このくらい？」と相談しながら作り上げると好みの差もわかりますし、少し大きくなった子どもなら、親の味付けを何となくでも学ぶチャンスです。物選び、技術、勘所《かんどころ》も同様です。

そして、時にチャンスがあればママも自分の親と一緒《いっしょ》に作ってみると、大人は大人で新たに学んだり、確認できることもあります。

いくつになっても、一緒《いっしょ》に作って一緒《いっしょ》に食べるというのは、幸せなシーンです。

6

育てやすい野菜やハーブで子どもと一緒に収穫体験

昨今は教育ファームや体験農場など、学校や地域で「食べ物の育ち」に関《かか》われる機会が増えてきました。これをもう一歩引き寄せて、家の庭で、ベランダで、窓辺の鉢《はち》で、作物を育ててみてはいかがでしょう。

自分で育てると、嫌《きら》いな物でも食べられた、という話をよく聞くのもうれしいことです。

初めてなら苗《なえ》を買ってきて、自信がついたら種から育てるのがお勧《すす》めです。

初心者が育てやすいのはミニトマトです。1日のうち半日以上日が当たれば育ちます。種からチャレンジしたいなら、ラディッシュ（二十日大根）や春菊《しゅんぎく》、小松菜はどうでしょう。プランターで手軽に、期間も数十日から2、3カ月の短期間で収穫《しゅうかく》できます。

学校を中心に増えているのが、皆《みな》さんもご存じの緑のカーテンです。ベランダや窓辺にネットをつるし、きゅうりやゴーヤのつるをはわせると、葉も花も実も楽しめて、そのうえ強い夏の日差しの遮光対策《しゃこうたいさく》にもなるので一石四鳥です。これは、苗《なえ》からのスタートがいいかもしれません。

ミントやローズマリー、バジルといった、美容やリラクゼーションに効果のあるハーブ類もお薦《すす》めです。ハーブは生命力の強い植物です。多年草のタイプは翌年も楽しめます。

♣自分で育てていっぱい食べよう

ある調査で、野菜の栽培《さいばい》や収穫体験《しゅうかくたいけん》のあるグループと、ないグループを比較《ひかく》したら、経験のあるほうが、野菜の種類も量も、たくさん食べるようになったという結果が出ていました。「家で育てた物は、食べるんだけどなあ」とパパが娘《むすめ》を見ながらつぶやくシーンにも何度か出会いました。

あ、大きくなった、花が咲《さ》いた、実が色づいたよ、などと、感動も家族で共有できれば、一度の栽培《さいばい》体験《たいけん》でも人生の大きな財産になります。

7

反抗的だった子どもが大変わり 食卓に集えば笑顔が戻る

「食べる」という行為《こうい》は、本能的ですが、ある意味、自分の命を懸《か》けてのチャレンジです。だからこそ、子どもたちのそばで、信頼《しんらい》できる人がおいしそうに安心して食べている姿を見せることで、子どもは安心して一歩を踏《ふ》み出《だ》すことができるのです。

　さまざまな親子や家族と触《ふ》れ合《あ》ってみて、いちばん信頼《しんらい》したい親や家族、仲間などと一緒《いっしょ》に楽しく食の経験を積んだ人ほど、他者を信頼《しんらい》して前向きに生きているような気がします。

一緒《いっしょ》に食事をする「共食」は、子どもが自立するまでの、伴走《ばんそう》の一つなのかもしれませんね。


ある歯科医院で、私の連載記事《れんさいきじ》を読んでくださっていた歯科衛生士さんに声をかけられました。

その方は当時、小学生と中学生の娘《むすめ》さん2人を抱《かか》えた母子家庭で、毎日忙《いそが》しく、食事のときも「早く食べなさい」とせかし、ご自分はその間も家事をしていたそうです。

ところが私の「家族が一緒《いっしょ》に座って食べていますか？」の一言が気になり、実行してみたところ、それまで反抗的《はんこうてき》で、15分もすれば食卓《しょくたく》から姿を消していた娘《むすめ》たちのいる時間がだんだん延びて、いつしか1時間も食卓《しょくたく》にとどまるようになり、ついには自分からいろんな話をするようになった、というのです。

上の子どもの反抗《はんこう》が治まると、下の子どもも落ち着き始め、家の中がとても明るくなったというのです。その数年後の話では、新しいお父さんも、この食卓《しょくたく》に加わったと聞き、さらにうれしく思いました。

家族が集い、笑顔《えがお》で、それぞれの人生を幸せに生きるのに、食卓《しょくたく》周りのあり方や役割は、大きいと思います。

食を大事に考え、今も日々の繰《く》り返《かえ》しの中で、答えを探し続けている方々に、心から拍《はく》手《しゅ》とエールを送りたいと思います。

おわりに

私の主宰《しゅさい》するNPO法人食育研究会Ｍｏｇｕ Ｍｏｇｕ（もぐもぐ）で、モットーにしている合言葉があります。

それは、「おいしいね」です。家族や仲間と一緒《いっしょ》に食べて、「おいしいね」と言うことは、簡単そうで、実は意識しないと難しい時代になりました。

５分でもいいから、食卓《しょくたく》に家族が一緒《いっしょ》に座る時間を取ってみませんか。

こういう場面を作ることは、現代の忙《いそが》しさでは、けっこうたいへんですが、やっただけのことは家族の心の貯金になります。

高校時代、塾《じゅく》から帰って独り、夕食を取っているとき、黙《だま》ってそばに座っていた母にふと気がついて、聞いたことがあります。

「何してるの？」

「独りじゃ寂《さび》しいかな、と思って」

びっくりしました。でも、その言葉は何十年も忘れることなく胸にあります。そして、今、私は時間差の夫や娘《むすめ》に合わせて、朝、５分でもと、一緒《いっしょ》に座ります。すると、不思議なもので、「そうそう……」と自然に会話が始まることが多いような気がします。

家族でも、友達でも、仲間でもいい。食べるとき、誰《だれ》かそばにいてくれると幸せな気持ちになれると私は信じています。人が生きていくのに食卓《しょくたく》周りの役割は、案外大きいのです。

今、そのことに日々心を砕《くだ》いている皆《みな》さんと、一緒《いっしょ》にがんばって、でも自然体で進んでいくことができれば、こんな幸せはありません。

平成二十六年六月

松成《まつなり》　容子《ようこ》

松成《まつなり》容《よう》子《こ》プロフィール

岡山県生まれ。
奈良女子大学家政学部食物学科卒業、
東京学芸大学大学院中退。
有限会社たまご社代表取締役、
NPO法人食育研究会Mogu Mogu代表理事。
埼玉県食の安全県民会議委員ほか、関東農政局、
さいたま市などの食育に関わる委員を歴任。
埼玉県を中心に、親子料理教室「もぐもぐランド」、
学校や地域の団体に出向く食育教室など
数多くの食を楽しむイベントを企画開催。
チーズやパン、料理の本の編集を多く手掛け、
執筆担当する情報誌も多数。

●NPO法人食育研究会Mogu Mogu ホームページ
http://www012.upp.so-net.ne.jp/mogumogu/

座って食べないのは、しつけよりも、性格による部分が大きいように感じます
コラッ座って食べなさい!!
わーおいちちょ〜〜♪
ぱかっ
←一口ごとに鏡の前へ
うちの場合はそれどころか
わあっ
ポーイッ
いらにゃーーいい!!
食べ物が毎回宙を飛び
自分で〜!!
どばーっ
わーーっ
食事のたびにいろいろなことが起こりましたが
自分でー!!
わー
どさーっ
↑(ふりかけ)
小さい間だけのことで、過ぎてしまえば何でもありませんでした。今では懐かしい思い出です♪

〈イラスト〉

太田　知子（おおた　ともこ）

昭和50年、東京都生まれ。
２児の母。
イラスト、マンガを仕事とする。
著書『子育てハッピーたいむ』①②③

歯医者さんのアドバイス

花崎　広子（はなさき　ひろこ）

香川県生まれ。歯科医。徳島大学歯学部卒業。
開業医勤務を経て、真生会富山病院歯科。
著書『子育てハッピーアドバイス　もっと知りたい 小児科の巻２』（共著）

〈著者略歴〉

松成　容子（まつなり　ようこ）

岡山県生まれ。奈良女子大学家政学部食物学科卒業、
NPO法人食育研究会Mogu Mogu代表理事。
埼玉県食の安全県民会議委員ほか、関東農政局、
さいたま市などの食育に関わる委員を歴任。

明橋　大二（あけはし　だいじ）

昭和34年、大阪府生まれ。京都大学医学部卒業。
心療内科医。真生会富山病院心療内科部長。
児童相談所嘱託医、スクールカウンセラー、
NPO法人子どもの権利支援センターぱれっと理事長。
著書『なぜ生きる』(共著)『輝ける子』『子育てハッピーアドバイス』シリーズ、
『見逃さないで！ 子どもの心のSOS　思春期に がんばってる子』など。

●明橋大二ホームページ　http://www.akehashi.com/

子育てハッピーアドバイス
笑顔いっぱい 食育の巻

平成26年(2014) 6月23日　第1刷発行
平成26年(2014) 7月3日　第3刷発行

著　者　松成　容子　明橋　大二
イラスト　太田　知子

発行所　株式会社 1万年堂出版

〒101-0052　東京都千代田区神田小川町2-4-5F
電話　03-3518-2126
FAX　03-3518-2127
http://www.10000nen.com/

公式メールマガジン「大切な忘れ物を届けに来ました★1万年堂通信」
上記URLから登録受付中

装幀・デザイン　遠藤 和美

印刷所　凸版印刷株式会社

Printed in Japan　ISBN978-4-925253-78-9 C0037

マンガで楽しく、手軽に読める！

甘えが満たされるとき
お母さーん 友達に ぶたれたよー
ま
かわいそうに
なで なで
お母さんが「痛いの痛いのとんでけー」しようね
ぼくは お母さんに 愛されて いる!!
自己評価
UP!
ぐん ぐん
相手に対する信頼
UP!
ぐんぐん
安心感

甘えが満たされないとき
お母さーん 友達に ぶたれたよー
まーた 泣いてる
がーーんっ
ぷいっ
甘えるんじゃないの！
ぼくは 甘え させて もらう 価値のない 存在……
DOWN
しゅるー
自己評価
スタスタ
DOWN
しゅるるー
相手に対する信頼
不信 怒り

★サンドイッチ法
子どもをやる気にさせる注意のしかた

★お母さんが働くことは、
子どもにとって、プラス？ マイナス？

★共働きで、子どもに接する時間を、
じゅうぶんとることができないとき、
どうしたらいいのか

子育てハッピーアドバイス2

Q&A形式の実践編
年齢別のしつけがよくわかる！
「三つ子の魂百まで」の本当の意味とは？

子育てハッピーアドバイス2
明橋大二 著
400万部突破！
第2弾

◉定価 本体838円+税　四六判160ページ　ISBN4-925253-22-0

子育てハッピーアドバイス3

自立心をはぐくみ、キレない子に
育てるには。
「反抗期で大変」と
いうママに

子育てハッピーアドバイス3
明橋大二 著
400万部突破！
第3弾

◉定価 本体838円+税　四六判160ページ　ISBN4-925253-23-9

子どもをほめるコツを伝授！

大人気

ほめ言葉が自然と増えるヒントがいっぱい！

子育てハッピーアドバイス
大好き！が伝わる ほめ方・叱り方

★できた1割をほめていけば
子どもはぐんぐん元気になります

★やらないときは放っておく。
やったとき、すかさずほめるのが
いいんです

★よその子と比較するよりも、
その子が、少しでも成長したところを、
見つけていきましょう

★こんなタイプの子は、
時には、失敗をほめましょう

★「ありがとう」は、
最高のほめ言葉です

医師・カウンセラー
明橋大二 著

イラスト
太田知子

「ほめる」とは、
子どもを評価する
ことではありません。
子どものがんばり、
成長を見つけて、その喜びを
伝えていくことです。

「叱る」とは、
子どもに腹を立てることでは
ありません。
子どもが、自分も他人も
大切にできるように、
一つずつ教えていくことです。

◉定価 本体 933円+税
四六判 200ページ
ISBN978-4-925253-42-0

◉定価 本体933円+税　四六判 192ページ　ISBN978-4-925253-29-1

208ページ　ISBN978-4-925253-39-0

208ページ　ISBN978-4-925253-35-2